나의 시민운동 이야기

조직하기에서 연결하기로, 변화하는 시민운동을 읽다

나의 시민운동 이야기

조직하기에서 연결하기로, 변화하는 시민운동을 읽다

하승창 지음

Humanist

2012년 열린정부 실현을 위한 시민들의 자발적인 오픈 커뮤니티
인 '코드나무'에서 주최한 공공데이터캠프가 열렸다. 언론 혹은 시
민운동 내에서 관심을 받은 행사가 아니었다. 공공정보를 이용해
서 시민들의 삶을 더 낫게 만드는 프로그램을 만들어 내는 데 관심
을 가진 개발자, 기획자 등이 공동으로 작업을 하는 이 프로그램에
사전에 등록한 수십 명의 사람들이 1박 2일 동안 함께 고민하고 해
결책을 모색하는 자리였다. 말하자면 관심 있는 공통의 사회적 문
제에 대해 1박 2일 동안 모여서 의논하고 모색하고 프로그램을 설
계하는 것이다. 당시로서는 낯설었던 해커톤 형식의 이 프로그램은
매년 열리고 있고, 지금은 해커톤 방식의 프로그램 행사들이 제법
열리고 있어서 용어 자체가 그리 낯설지는 않을 것이다.

물론 세월호 사건처럼 사회적 관심이 큰 의제들의 중심에는 여
전히 잘 알려진 시민단체들이 있지만 공공데이터캠프처럼 이미 여

러 문제에서 관심이 있는 개인이나 단체가 모였다 흩어지며 문제를 해결하거나 의사를 표현하는 행동을 조직하는 일이 이제는 새로운 사회운동의 모습이 되었다. 학계 일부에서는 이런 현상을 두고 연대적 개인주의 혹은 네트워크 된 대중이라고 부르기도 한다. 그 용어가 무엇이든 이미 사람들이 소통하고 움직이는 방식은 확실히 시민운동의 사회적 영향력이 컸던 1990년대와 2000년대 초반과는 다르다. 시민운동이 막 기지개를 켜고 자신의 영향력을 한껏 키워 갔던 1990년대부터 가장 영향력이 컸던 2000년대 초반을 거쳐 사회운동의 모습이 새롭게 재편되는 시기에 이르기까지 함께하고 지켜보아 온 사람의 입장에서 보면 세상 뿐 아니라 운동도 확실히 달라졌다.

1990년대 시민운동을 상징하는 말 중에 '한 사람의 생각이 세상을 바꿉니다'라는 표현이 있었다. 시민이라는 주체와 그 주체의 참여를 강조하기 위해 만든 표현이었고, 당시의 시민운동을 잘 설명한 말이기도 했다. 그러나 지금은 변화를 위한 좋은 생각들을 연결한다는 의미에서 '많아지면 달라진다' 같은 표현이 더 적절할지도 모르겠다.

1990년대의 시민운동이 정점에 있던 바로 그 시기에 인터넷 같은 기술발전은 사람들이 만나고 소통하고 행동하는 방식을 근본적으로 바꾸어 놓았고, 그에 따라 사회가 운영되는 체제 또한 변화했다. 지금 이 순간도 그 변화의 와중에 있다. 기술발전과 함께 기후변화, 인구의 변화 등이 가져 오는 사회의 변화는 과거 우리가 접하지 못했던 새로운 변화들이며 이에 대응하는 사람들의 반응도 과거와 다르게 나타나고 있다. 이런 사회 변화에 조응해 시민 운동도 변화했고, 변화하고 있다. 이 책은 그런 시민운동의 변화에 관한 이야기이자 대학교에 들어간 이후 줄곧 학생운동과 노동운동, 시민운동을 하면서 겪었던 나의 이야기이다. 이 책은 나의 학생운동과 노동운동 시절을 제외하고 시민운동에 들어선 이후의 이야기를 중심으로 이루어져 있다.

1부는 우리 사회에서 1990년대에 왜 시민운동이 주목받고 급속히 성장하게 되었는가에 대한 이야기이다. 1987년 6월항쟁으로 성취한 한국사회의 민주화와 독일의 통일이 상징하는 냉전체제의 해체 등으로 우리 사회가 복잡해지고 다원화되면서 사회운동도 민중운동이라는 형식 대신 다른 형태의 사회운동이 성장할 토대가 마련되었다. 선거를 통한 권력의 구성이 가능해진 순간, 사람들은 합법적이고 구체적인 정책대안을 중심으로 하는 운동에 관심을 갖게 되었고, 냉전체제의 해체는 낡은 진영논리에 기초한 운동을 외면하는 결과를 낳았다. 경실련과 참여연대 같은 시민단체들은 합법적이면서도 구체적인 정책대안을 제시하면서 사회적 영향력을 급속히 확장했고, 단숨에 사회운동의 중심으로 떠올랐다.

시민운동이 내건 한국사회의 공정성, 투명성, 형평성 같은 가치에 대한 사회적 공감대는 실제 제도로 만들어지는 원동력이 되었고, 지난 2000년 총선에서 부패한 후보에 대한 낙선 운동을 이끌어 내기도 하였다. 그러나 한 운동이 태어나서 성장하고 그 영향력이 커지면 그 덕분에 생긴 새로운 조건과 환경이 또 다른 운동을 만들어 내는 것은 어쩌면 당연한 일이기도 하다.

2부와 3부는 1990년대의 시민운동이 성장하는 동안 변화한 사회적 조건과 그로 인한 운동의 변화에 대한 이야기이다. 2002년에 이미 1990년대와는 다른 시민운동들이 성장하기 시작했고, 이 운동들은 지역에서 공동체의 삶에 관심을 가진 사람들이 모이거나 같은 생각을 공유한 개인들의 네트워크 같은 형태로 드러나기 시작해서 2008년 촛불 시위에서는 더욱 분명하게 이런 변화들을 드러내 주었다.

4부는 총선연대 이후 시민운동이 일정한 한계 이상으로 나아가지 못하도록 했던 시민운동의 정치적 중립이라는 문제에 대한 이야기이다. 사회운동이 정치적으로는 어떤 정파와도 직접 관련되지 않는 독립적인 것이어야 하지만 추구하는 가치라는 측면에서 보면 정치적 중립이 가능할 수 없다. 시민운동가로 활동했던 사람들이 경험하는 정치적 활동과 선거의 경험, 정치적 진출의 의미가 무엇인지 살펴보았다.

5부에서는 우리가 익히 알고 있는 1990년대 시민운동의 모습이 해체되고 다른 모습의 사회운동이 들어서고 있는 점에 주목했다. 이런 변화는 개인과 단체, 영리와 비영리 사이의 경계를 넘나들며 이루어지고 있고, 조직의 형태와 운동의 방식도 변화하고 있다. 인터넷을 비롯한 커뮤니케이션 기술의 발전과 삶의 조건을 다르게 만들고 있는 기후 변화, 국경을 의미 없게 만드는 경제적 변화와 인구 구성의 변화 등 과거와 확연히 다른 사회적 조건들이 사회를 더욱 빠르게 변화시키고 있다. 그에 따라 우리 사회에서 일어나는 운동 방식의 변화를 민감하게 읽어보고자 했다.

2001년 경실련과 참여연대의 활동을 중심으로 한 《하승창의 NGO 이야기》를 펴내고 난 뒤 지난 10여 년의 변화는 1990년대의 시민운동과는 확연히 다른 것이었다. 언젠가 그 변화의 와중에 있었던 이야기를 해보고 싶었는데, 이런저런 이유로 실행하지 못했다. 서울시장 선거캠페인 등 선거운동에 참여한 것 때문에 출판하기 힘든 일이 되었다고 포기하고 있을 무렵 휴머니스트 출판사의 적극적인 권유로 다시 시작하게 되었다.

그 와중에도 원고를 쓰기보다 씽크카페를 시작하거나 오픈테이블 같은 새로운 형태의 의제플랫폼을 만드는 일, 첫 번째 선거운동의 책임자였던 인연으로 박원순 서울시장의 재선 캠페인까지 다시 참여하느라 지체된 시간들을 휴머니스트에서는 기꺼이 기다려 주었다. 글을 쓰는 동안 편안하면서도 꼭 필요한 가이드는 집필에 큰 도움이 되었다. 마지막까지 책을 만드느라 고생한 휴머니스트 출판사 편집진에 감사드린다.

아내와 딸은 나이 들어 가면서도 여전히 프리랜서처럼 시민운동을 하고 있는 남편과 아빠에 대한 주변의 걱정을 듣는 일이 일상이었을 것이다. 특히 가족들의 평범한 일상을 꿈꾸는 딸에게는 늘 미안하다. 그래도 함께 견뎌 준 덕분에 나오는 책이다. 이 기회를 빌려 고마움을 전한다.

2015년 설 연휴 마지막 날 밤, 대학로 카페에서

하승창

일러두기

1. 본문의 부호는 다음과 같은 기준으로 표기하였습니다만 익히 알려진 매체나 단체의 경우 부호를 생략하였습니다. (도서명·매체명 《 》, 기업·단체명·기사제목 〈 〉, 법령·프로젝트·행사·운동의 이름 ' ')

2. 띄어쓰기는 국립국어원 띄어쓰기를 기준으로 하였습니다만 꼭 필요한 경우나 단체명의 경우 해당 단체가 사용하는 띄어쓰기를 사용하였습니다.

더 나은 세계를 향한 요구

서로 다른 시선으로 세계화를 들여다본 두 권의 책을 읽은 적이 있다. 하나는 《더 나은 세계는 가능하다》(세계화국제포럼, 필맥, 2005), 다른 하나는 《더 나은 미래는 쉽게 오지 않는다》(요르겐 랜더스, 생각연구소, 2013)였다. 마치 컵에 반쯤 담긴 물을 두고 반이나 남았다고 보거나 반밖에 남지 않았다고 보는 상반된 시각을 반영하고 있는 듯한 제목들이지만, 두 책 모두 지금과 같은 사회 발전 패러다임으로는 이 세계가 지속 가능하지 않다는 점을 말하고 있다.

사회 발전 패러다임이 변화해야 한다는 이러한 주장들은 대개 큰 선거 등에서 당시의 시대정신이 무엇이냐를 놓고 경쟁하면서 확인된다. 그런 생각들은 새로운 인물로 발현되기도 하고 다른 체제가 필요하다는 주장으로 나타나기도 한다. 예컨대 2012년 대통령 선거 무렵의 '안철수 현상'은 인물로 발현된 변화에 대한 욕구였고, 백낙청의 '2013년 체제론'은 '87년 체제론'의 대구로 강조된 주장이다. 아울러 당시 회자되었던 복지국가라는 표현은 사회의 발전 방향을 구체적인 국가정책의 변화로 드러낸 것이다. 모든 후보가 너나 할 것 없이 복지국가가 시대정신이라며, 복지국가를 만들어 가는 데는 자신이 적임자라고 주장했다. 그러나 '말'과 '인쇄물'로 표현된 후보의 약속은 선거가 끝나고 2년이 지나도록 대부분 지켜지지 않고 있다는 점에서 2012년에 분출되었던 변화에 대한 요구는 여전히 진행형이다.

'안철수 현상'이란 변화를 바라는 사람들의 욕구가 반영된 것이었고, 그런 점에서 안철수 후보는 '개인 안철수'가 아니라 사람들의 욕구를 연결해 변화를 만들어 내는 '플랫폼'이 되어야 했다. 그러나 스스로도 준비가 부족했다고 이야기한 것처럼 안철수 후보는 제대로 된 비전을 보여주지 못하고 중도 사퇴함으로써 그에게 모아졌던 사람들의 욕구는 실현되지 못했다.

불안하고 불행한 사회는 누구나 싫다

사람들은 왜 변화를 바랄까? 현재 우리 사회를 드러내는 지표로 자주 인용하는 것이 자살률과 출산율이다. OECD 국가 중 1위라는 자살률은 거의 사회적 재난 수준이다. 최근의 자살률 분포를 보면, 스스로 죽고 싶을 만큼 삶이 불행하다고 여기는 사람은 아이에서부터 노인에 이르기까지 모든 세대에 걸쳐 있다.

세계 최저의 출산율은 아이 기르기가 어려워 아예 출산을 포기하거나 임신을 두려워하는 현실을 반영하고 있다. 나아가 출산여부를 타의로 강제하는 경우마저 있다. '임신 순번제'라는 것이 그것이다. 전국보건의료노조가 2012년 6월 조합원 2만 명을 대상으로 모성보호 실태 조사를 한 결과, 국립중앙의료원, 보훈병원, 산재병원 등 특수 목적 공공 병원 간호사 중 임신 순번제를 겪었다는 응답률은 26.5%에 달했다. 더구나 유·사산율이 27.6%로 심각한 상태였고, 육아휴직도 얻지 못한 경우가 82.5%에 달했다. 어떤 민간 병원은 2004~2006년 신입 간호사에게 '2년이 지나야 결혼할 수 있고, 혼전 임신 시 사직을 원칙으로 한다.'라는 각서를 받은 적도 있다고 한다. 기계도 아니고 생명을 잉태하고 낳아 기르는 것조차 무슨 작전 짜듯이 해야 하는 세상이 정상일 수는 없다. 누구도 이런 삶을 원하지 않는다.

2012년 '씽크카페 컨퍼런스'의 주제는 '불안, 불행, 불통, 불만'이었다. 지금의 우리 사회를 나타내는 말이 무엇일까 고민하면서 나온 키워드들이다. 행사 준비에 참여한 사람들은 지금의 사회 구성원들이 우리 사회를 불안하고 불행하게 느낀다고 보았고, 그런 현실을 이해하지 못한 채 소통도 하지 않는 정치권에 대한 불만도 가득하다는 점에 공감하고 있었다. 이는 세대를 막론하고 공통적인 정서이기도 하다.

노인은 노인대로 청년은 청년대로 불안한 사회다. 함께 사는 아버지께서 은퇴 후 마땅한 일거리를 찾지 못하고 경로당에 나가 고

스톱을 치며 소일하는 날이 많아지는 것을 보면서 혹여 그것이 우리 세대의 미래인 건 아닌지 걱정스럽다. 요즘 만나는 청년들은 지금 하고 있는 아르바이트마저 없어지는 것은 아닌지 늘 불안해 하며 살아간다.

이웃 일본의 후쿠시마 원전 사태는 지역에서 일어난 사건·사고라도 언제든 세계 공동체 전체에 위협이 될 수 있음을 보여준다. 툭하면 고장 소식이 들려오는 한반도 남단의 원전들을 생각하면 그야말로 매일 불안과 동거하는 삶을 살아가고 있는 셈이다.

그뿐인가? 대학에 들어가지 않고는 미래가 없다는 생각에 시간을 쪼개며 공부에 매달리고, 1등을 해도 혹시나 하는 불안감을 떨치지 못하는 아이들은 견디다 못해 목숨을 버리기도 한다. 대학에 들어가서도 학기마다 등록금에 대한 걱정과 불안이 아이들을 온갖 '알바전선'으로 내몬다. 서울시 청년일자리허브의 〈청년학교〉 학생들과 이야기를 나누다 "카페에서 아르바이트해 본 사람?" 했더니 거짓말 보태지 않고 함께 있던 10여 명의 청년들이 전부 손을 들어 놀란 적이 있다. '씽크카페 컨퍼런스'에서 김영경 전 〈청년유니온〉 위원장이 들려준 이야기는 이런 청년들의 현실을 잘 보여준다.

"얼마 전 〈청년유니온〉에서는 국회 의원회관에서 '청년 최저임금 사례자 증언 대회'를 열고 저임금 청년 8인의 가계부 내역을 발표한 적이 있습니다. 통계를 내보니 이들은 월평균 120만 원가량 벌고, 임금의 60%를 주거비, 식비, 교통비 등 기본적인 생활

비에 충당하며, 나머지 40%에서 23%가량은 학자금 같은 빚 갚는 데에 지출하고 있더군요. 그런 청년들이 어떻게 문화생활을 하며, 교육에 투자하고, 저축을 할 수 있을까요? 노후 설계는 꿈도 못 꿀 일이죠."

– 하승창 외, 《왜 우리는 더불어 사는 능력이 세계 꼴찌일까?》, 상상너머, 2012.

청년들의 이런 현실은 대학 졸업이 다가올수록 심각해진다. 취업 걱정에 도서관에 삶을 매달아 두지만 취업할 것이라는 확신도 없어서 늘 불안하다. 불안감을 없애려고 온갖 '스펙'을 다 만들어 보지만, 1등만이 살아남는 경쟁 시스템 아래서는 내가 모든 사람에 앞설 확률보다는 뒤에 있을 확률이 높기 때문에 대부분 좌절을 겪게 마련이다. 설사 취업이 된다 하더라도 많은 이가 비정규직으로 언제 계약 해지될지 모르는 '을'의 삶을 살아가게 된다. 2012년 대선에서 손학규 후보가 내건 '저녁이 있는 삶'이란 슬로건은 그런 의미에서 지금의 청춘들이 누리기 힘든 미래이기도 하다. 물론 정규직이라고 해서 불안하지 않은 것은 아니다. 짧아진 정년과 언제든 실업 상태가 될 수 있는 고용 불안정성 때문이다.

변화를 바라는 사람들은 많다

그러면 이제 희망은 없는 것인가? 그렇지 않다. 지난 몇 년 동안 경험하고 만났던 일과 사람들을 생각해 보면 여전히 희망은 있다. 또 실패한 것처럼 보이는 정치와 달리 변화를 바라는 사회적 토대는 커져 가고 있는 게 사실이다. 청년 세대나 기존의 사회운동과 연결되지 않은 새로운 사회적 세력의 성장이 만만치 않다. 씽크카페의 대표로, 〈청년학교〉의 담임으로 시간을 보내며 이전에 시민단체 활동을 할 때와는 다른 영역의 일과 사람들을 경험하고 만났다. '공유와 협력', '생태와 공동체' 같은 가치에 깊은 관심을 가진 사회적 경제 영역의 기업이나 협동조합, 청년 모임, 씽크카페를 매개로 한 청년들의 활동 등은 규모에 비해 그 성장의 크기가 만만치 않게 크다는 것을 알게 해 주었고, 또 다른 희망을 품게 했다. 변화의 욕구가 큰 만큼 그 변화를 자신의 자리에서 실현하고자 하는 다양한 세력들이 꿈틀대며 성장하고 있었다. 오히려 그런 변화를 향한 생각과 열망들을 연결해 내지 못한 것이 변화를 현실화하지 못한 이유라고 생각될 만큼.

그런데 이들 세력은 대부분 기존의 사회운동과는 직접적 관련이 없는 경우가 많다. 2000년대 시민운동과 사회운동에는 어떤 변화가 있었기에 이런 단절이 생겼을까? 어쩌면 2000년대의 시민운동을 돌아보고 성찰하는 과정에서 그 까닭과 이유를 알게 된다면 희망은 변화를 만들어 낼 수 있지 않을까? 오히려 이런 새로운 변화의 흐름을 알지 못하면, 명백히 다른 사회적 패러다임을 원하는 세력이 커지고 있는데도 불구하고 권력의 변화로 연결해 내지 못할 것이다. 그러기 위해 스스로 해왔던 일들을 돌아보고 몸 담았던 사회운동이 어디로 가고 있는지 살피는 일이 중요하다고 생각했다. 20대까지 학생운동과 노동운동을, 30대부터 지금까지는 시민운동을 해왔다. 그런 연유로 지금부터 해 나갈 이야기는 개인의 이야기이기도 하지만 우리 사회의 시민운동과 사회운동에 대한 이야기이기도 하다. 물론 개인의 경험을 중심으로 한 이야기들이니 어쩔 수 없이 생략되는 일과 사건도 있을 수 있겠다. 그렇다고 그런 일과 사건의 중요성이 작아서인 것은 아니라는 점을 미리 밝혀 두고 이야기를 시작한다.

1부

1990년대 시민운동

— 군보다 센 시민운동

1 그 많던 시민운동은 어디로 사라졌을까?

2014년의 '세월호 사건'은 세월호 이전의 한국 사회와 세월호 이후의 한국 사회를 구분지어 말하게 될 것이라고 할 정도로 우리 사회에 큰 충격을 주었다. 사건이 사건인 만큼 대다수 시민단체들은 2014년 내내 세월호 참사 범국민대책회의에 참여해 '세월호특별법' 제정과 사건의 진상 규명을 위한 활동을 했다. 시민단체들은 하루하루 변화하는 사태에 대응하느라 정신없이 바빴지만 시민단체들이 활동하고 있다는 사실을 공유하는 사람들은 예전만큼 많지 않았다. 더구나 활동이 상대적으로 덜 드러났던 2000년대 중반엔 '요즘 시민단체들 뭐해?' 하는 질문을 많이도 들었다. 그 외에도 시민운동을 한다고 하면 으레 듣는 질문 몇 가지가 있다. '생활은 되느냐?' 하는 것이 가장 많은 질문이고, '정치할 거냐?'도 많이 듣는 질문이다.

'요즘 시민단체들 뭐해?' 하고 묻는 말은 1990년대부터 2000년대 초반까지 시민단체들이 우리 사회에서 차지하는 존재감이 만만치 않았던 탓에 언제부턴가 갑자기 시민단체의 활동이 줄어들었다고 느끼는 사람들의 궁금증이기도 하다. 예전이나 지금이나 시민단체들의 활동 자체가 특별히 줄거나 중단된 것은 아닌데 왜 이런 질문들이 나오게 된 걸까? 지금 이 순간에도 박봉이지만 '촛불 시위' 같은 큰 집회나 시위에 참여하는 것 외에도 우리 사회를 위해 의미 있는 일이라 여기며 밤늦도록 시민단체에서 일하는 상근자들이 많다. 여전히 열심히 일하고 있다는 이야기이다. 그런데 이런 질문을 듣는 것은 1990년대와 달리 2000년대 이후 시민단체들이 우리 사회에서 차지하는 위치가 좀 달라진 탓이 아닐까 싶다.

두 번의 변곡점

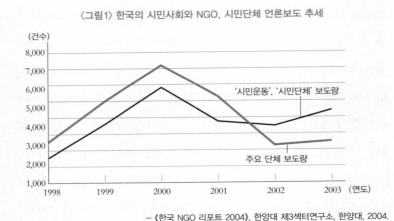

〈그림1〉 한국의 시민사회와 NGO, 시민단체 언론보도 추세

– 《한국 NGO 리포트 2004》, 한양대 제3섹터연구소, 한양대, 2004.

〈그림1〉의 그래프는 5대 일간지의 시민단체 관련 보도량 추이이다. 1990년대부터 2000년대 중반까지 주요 일간지 다섯 군데의 기

사를 '시민단체'나 '시민운동'이란 키워드와 주요한 단체 몇 군데의
이름으로 검색한 결과이다. 여기서 주요한 단체들은 경실련, 참여
연대, 환경운동연합, 녹색연합, YMCA로 1990년대에 우리 사회에
서 누구나 한 번쯤 들어 봤음 직한 단체들이다. 실제로 이 단체들은

〈표1〉 한국 5대 일간지의 '시민운동' 및 '시민단체' 보도량 변화

연도	1998	1999	2000	2001	2002	2003
건수	1,558	3,602	5,891	3,868	3,452	4,311

－《한국 NGO 리포트 2004》, 한양대 제3섹터연구소, 한양대, 2004.

〈표2〉 한국 5대 일간지의 주요 단체 보도량 변화

(단위: 건수)

주요 일간지	연도	참여연대	경실련	환경운동연합
중앙일보	1998	102	182	139
	1999	262	256	158
	2000	305	346	204
	2001	316	269	225
	2002	160	204	88
	2003	136	96	74
조선일보	1998	196	223	107
	1999	410	372	136
	2000	379	418	138
	2001	568	227	226
	2002	115	133	89
	2003	177	109	79
동아일보	1998	221	174	149
	1999	464	290	189
	2000	760	593	397
	2001	499	247	357
	2002	153	108	74
	2003	209	137	90

한겨레	1998	337	248	235
	1999	634	393	286
	2000	932	628	337
	2001	810	286	388
	2002	362	138	191
	2003	595	156	193
한국일보	1998	128	98	70
	1999	479	353	266
	2000	662	788	285
	2001	412	275	189
	2002	167	116	105
	2003	275	129	132

– 《한국 NGO 리포트 2004》, 한양대 제3섹터연구소, 한양대, 2004.

1990년대에 활발히 활동했고, 2000년 총선연대 활동까지 이어지면서 적지 않은 사회적 영향력을 지녔던 단체들이고 지금도 여전히 시민단체들의 중심 역할을 하고 있다.

〈그림1〉의 그래프를 보면 2000년까지는 두 키워드가 같은 기울기로 급격히 상승하고 있지만 2000년부터 2002년 무렵까지는 둘 다 하강하고, 2002년에서 2003년에 이르면서 한 곡선은 반등하고 다른 한 곡선은 거의 제자리에 머물고 있음을 알 수 있다. 반등하는 곡선은 '시민단체'나 '시민운동'으로 검색한 경우이고, 여전히 머물러 있는 곡선은 주요 단체의 이름으로 검색한 경우이다.

왜 이렇게 곡선이 엇갈리는 모습을 보이게 되었을까? 그리고 왜 2002년에서 2003년 무렵에 엇갈리게 된 것일까? 이 그래프에 바로 2000년대에 일어난 시민운동의 변화가 숨어 있다. 단순하게 보면 '요즘 시민단체들 뭐해?' 하는 질문에는 '시민단체들 별 활동 없던데….'라는 인식과 더불어 시민단체들의 쇠락을 엿볼 수 있다. 그러나 시민운동의 변화가 그렇게 단순하지는 않다. 무엇을 중심으로 어떻게 보느냐에 따라 시각을 달리할 수 있겠지만 시민운동은 그래프에 보이는 두 번의 변곡점이 있는 시기에 의미 있는 변화가 있었음을 알 수 있다.

1990년대 시민운동의 정점을 이룬 2000년 총선연대

2000년 이후 시민단체들의 활동에 대한 언론 보도량이 줄어든 것처럼 보이는 이유부터 살펴보자. 우선 2000년 이후 갑자기 시민단체에 보내던 언론과 정치권의 우호적 태도가 사라졌다. 기존 주요 일간지들의 경우 시민단체들의 활동을 보도하는 지면을 대폭 줄이게 된다. 1990년대 시민단체들의 활동이 사회적 관심을 끌고 영향력을 키운 배경 중의 하나가 언론들의 우호적 태도였기 때문에 시민단체들은 자연히 활동에 영향을 받게 되었다.

1990년대 주요 시민단체들은 거의 모든 언론과 공동 캠페인을 진행했다. 보수 언론의 대표격이라 인식되는 조선일보조차 예외가 아니었다. 또 1990년대 대부분의 일간지에는 엔지오(NGO)란이 따로 있었다. 아예 지면 한 면을 모두 할애하여 일주일에 한 번씩 엔지오들에 관한 이야기를 모아 전달하는 경우가 다반사였다. 시민단체들의 특성상 한 캠페인을 일주일 단위로 하는 것이 아니라 대부분 장기적인 프로그램들이다 보니 새로운 기삿거리가 없는 경우도 있었는데 그럴 때면 시민단체 내부의 인사 이동 소식이라도 내보낼 정도로 자세하게 시민단체 이야기를 다루었다. 지금도 기억하고 있는 것 중 하나가 신임 경실련 사무총장이 모 신문사 편집국장을 만나고 왔더니 다음 날 그 신문에 경실련 사무총장 본사 내방이라는 동정 소식이 실린 적도 있고, 필자가 경실련 조직국장에서 정책실장으로 부서를 옮긴 일이 인사 동정란에 실리기도 했다. 그만큼 시민단체들의 영향력이 컸다는 이야기도 되고 또 언론이 시민단체들을 독자들과 가깝게 만들어 주었다는 이야기도 된다. 그런 신문의 지면들이 2000년 이후 거짓말처럼 일시에 사라지고 한겨레신문의 엔지오 동정란 정도만 남았다가 지금은 그마저도 없다.

기존 언론이 이런 조처를 한 배경에는 시민단체들의 2000년 총선연대 활동이 있었다. 2000년 총선연대 활동은 1990년대 경실련과 참여연대, 환경운동연합, 녹색연합 등으로 대표되는 시민단체 활동의 정점이었다. 〈그림1〉의 그래프를 봐도 뚜렷한 변곡점을 이루고 있지 않은가?

의회에서의 폭력은 과거보다 줄었다 하나 요즘도 여전하고, 거기에 성추행이니 음란물 검색이니 논문 표절이니 하는 사안들이 국회의원의 자질과 관련해 많이 거론되는데, 1990년대에도 뇌물 등의 부정부패, 의회에서의 폭력, 거기다 막말까지 도대체 국회의원으로 뽑힌 사람 맞나 싶을 정도의 질 낮은 의원들에 대한 사회적 반감이

<표3> 2000년 총선연대 낙선운동 결과

낙선운동 결과	후원금 현황	홈페이지 기록
전국 낙선율 : 68.6% (59명) 수도권 : 95% (20명 중 19명) 중부권 : 78.3% (23명 중 18명) 호남권 : 75% (8명 중 6명) 영남권 : 45.7% (35명 중 16명)	총 후원인 수 : 5667명 총 모금액 : 350,191,652원 총 지출액 : 328,851,681원	총 접속건수 : 856,090건 1일 평균 접속건수 : 10,569건 게시판 기록 : 45,674건

— 하승창, 〈90년대 중앙집중형 시민운동의 한계와 변화에 관한 연구〉, 연세대, 2006.

높았다. 일반 유권자들의 눈높이에 맞추지 못하는 정치 수준과 정치 문화의 개혁을 위해 더는 수준 낮은 정치인을 뽑지 말자고 시민단체들이 나서게 된다.

이런 움직임은 유권자들의 호응을 폭발적으로 이끌어 냈다. 2000년 1월 몇몇 주요 단체가 '낙선운동'을 선언하자 순식간에 전국 1,000여 개의 단체가 총선연대에 가입하겠다는 의사를 밝혔다. 당시 활동했던 비영리단체의 수가 《시민의신문》 조사에 따르면 25,000개 정도이고, 그중 정부나 지방자치 단체를 감시하는 단체의 수는 수천 개에 지나지 않았으니까 전국의 거의 모든 단체가 가입했다고 해도 과언이 아니었다. 또 실제 결과에서도 낙선 대상자로 선정된 후보들이 수도권에서만 90% 넘게 낙선하자 시민단체들의 활동은 더욱 주목받게 되었다.

이렇게 1990년대 시민단체들의 활동이 점점 커지면서 정치 개혁 과제까지 시민단체들의 영향력 아래 들어갔다는 위기의식이 정치권에 팽배해졌다. 시민단체들의 활동으로 실제 낙선되는 일이 벌어졌기 때문이다. 이로써 시민단체에 대한 정치권의 우호적 태도는 경계로 바뀌었고, 정치권은 시민단체들의 활동을 견제하기 시작했다. 그후 '정치적 중립을 훼손한 시민단체들에게 정부 지원을 하지 말아야 한다'는 등의 주장이 지속적으로 나왔다. 예를 들면 심재철 의원은 시민단체와 미디어운동단체들이 함께 만들었던 시민방송 RTV가 편향적인 방송을 한다며 방송통신위의 지원을 중단해야 한다고 주장한 적도 있다.[1]

또 낙선운동으로 떨어졌던 새누리당의 이사철 의원은 2008년 총선에서 국회로 복귀하게 되자 국회 예결위에서 정부 지원을 받는 시민단체 1,000개를 감사하자고 주장한다. 시간이 꽤 지난 다음이었으니 꼭 총선연대 활동에 대한 기억 때문이라고 할 수 없을지 모르지만 1,000개라는 숫자가 왠지 그런 느낌을 주기도 했다. 물론 이사철 의원의 의도대로 되지는 않았다. 총선연대에 참여한 대부분의 시민단체가 정부 지원을 받지 않거나, 받는다 하더라도 소액의 프로젝트 지원이어서 대부분은 해당 사항이 없었기 때문이다. 이처럼 정치권의 지속적인 견제나 탄압이 이어지는 가운데, 언론은 언론대로 시민단체들의 영향력을 주시하며 시민단체들의 다음 사회 개혁 과제는 무엇인가에 관심을 집중하게 되었다.

당시 총선연대 활동이 마무리되면서 참여했던 시민단체들이 이를 계기로 전국적인 연대 기구를 만들어 공동의 활동을 모색해야

---

1 그 후 지원금이 끊긴 시민방송 RTV는 근근이 유지해 오다. 최근 인터넷으로만 볼 수 있던 〈뉴스타파〉가 시민방송을 통해 케이블TV로 송출되면서 다시 주목받았다.

한다는 공감대가 커졌다. 그런데 1990년대 공명선거 운동을 전개했던 초창기 시민단체들을 중심으로 한 '한국시민단체협의회(시민협)'라는 전국 연대 기구가 이미 존재하고 있었다. 우여곡절이 있었지만 '시민협'까지 합류하는 것으로 해서 총선연대에 참여했던 단체들을 중심으로 지금의 '시민단체연대회의(연대회의)'라는 전국적 연대 기구가 만들어졌다. 현재 서울시장인 박원순 당시 참여연대 사무처장이 초대 운영위원장을 맡았다.

연대회의는 첫 번째 과제로 언론 개혁인가, 아니면 정치 개혁을 이어갈 것인가를 놓고 꽤 심각하게 논의를 벌였다. 언론단체들을 중심으로 언론 개혁에 대한 강력한 요구가 있었지만 공동의 과제로 채택되지는 못했다. 논의 결과는 정치 개혁을 지속하는 것으로 모아졌지만 언론 개혁 과제를 중시하는 시민단체들이 '안티조선' 운동과 '바른언론시민연합' 결성 등을 계기로 다양하게 생겨났고, 특히 안티조선 운동은 언론 개혁 운동의 중심으로 부상했다. 자신을 개혁 대상으로 보는 시민단체들의 활동을 곱게 봐 줄 리 없는 언론들은 이 무렵부터 시민단체들에 대한 긍정적 시선을 거두고 문제점을 집중적으로 거론하기 시작했다.

1997년 경실련의 '김현철 비디오테이프 사건' 당시 한겨레신문에서 '시민 없는 시민운동'이라 명명하며 시민운동의 문제를 짚은 이후 시민단체들에 대한 부정적인 보도가 더욱 많아졌다.

그런 가운데 총선연대 활동을 격려하고 칭찬했던 언론들 중에서 총선연대 활동이 시민운동의 정치적 중립을 훼손했다는 진단을 내

놓으며 총선연대의 정당성을 공격하는 곳들이 생겨났다. 이 논란은 정치권이나 언론의 시민운동에 대한 공세로만 그치지 않았다. 이는 총선연대를 둘러싼 시민운동 내부의 논쟁으로 이어져 정치적 지향이 다른 시민운동이 시작되었고, 소위 '뉴라이트'라 불리는 보수적 시민운동이 본격적으로 등장하는 하나의 계기가 되었다. 이 논란을 시작으로 1990년대 내내 단일한 것처럼 보였던 시민운동의 흐름에 균열이 생기기 시작했다.

이렇게 총선연대 활동 이후 시민운동은 정치권과 언론의 견제를 받으면서 1990년대보다 위축될 수밖에 없는 외부 환경에 노출되었다.

2

총선연대, 그리고 시민운동의 분화

1990년대 시민운동의 정점이라 할 만한 총선연대의 활동은 기억해 둘 만한 사건이다. '낙천낙선운동'이라 불리기도 했던 이 논의는 1999년 12월부터 본격적으로 전개되었다. 특히 1999년 국정감사 모니터를 할 계획이었던 시민단체들의 의회 방청을 상당수 국회 상임위원회가 불허한 것이 결정적 계기가 되었다. 후진적인 정치 문화에 대한 유권자들의 거부감과 정치 개혁에 대한 요구도 컸던 터라 시민단체들은 선거 과정에 참여하여 압력을 가하는 '낙천낙선운동'에 나서기로 했다. 그러나 당시의 선거법은 단체의 선거운동 참여를 막고 있었으므로 시민단체들이 합법적으로 선거 과정에 참여하기는 어려웠다. 그래서 시민단체의 선거운동 참여를 가로막는 선거법 제87조[2]의 개정도 함께 요구하기로 했다.

---

2 단체의 선거운동을 금지하는 선거법 제87조에는 각종 사조직과 국가기관, 정치활동이나 공직선거 관여가 금지된 단체들은 선거운동을 할 수 없다고 되어 있다. 이 조항이 시민단체들의 선거운동을 금지하는 법적 근거였기 때문에 시민단체들은 이 법의 개정을 요구했다.

1990년대 정치 개혁 시민운동

1990년대에도 정치 문화 개혁을 위한 시민운동은 있었다. 경실련과 YMCA, 흥사단 등이 주축이 된 1990년대의 '정치 개혁을 위한 시민운동'은 금권·관권 선거를 막고 정책 선거를 하자는 '공명선거실천협의회(공선협)'의 활동이 주된 것이었다. '공선협' 활동이 금권 선거를 제한하고 정책 선거에 대한 공감대를 높이는 데 기여한 것은 분명하지만 역시 선거법 제87조가 공명선거 캠페인조차 제한하고 있었기 때문에 경실련에 의해 처음 이루어진 후보자 간의 정책토론조차 언론사와 공동 주최하는 방식의 편법으로 진행되었다. 따라서 공선협은 87조의 개정을 강력히 요구해 왔지만, 정치권은 독점적 선거 캠페인을 유지하려 했고 이 조항의 개정은 검토조차 하지 않았다.

그 때문에 당시 시민단체들 사이에서는 공선협 방식의 정책 캠페인이나 공명선거 캠페인이 운동 초기와 다르게 정치권 개혁에 실질적인 압력이 되지 못하는 게 아니냐는 우려도 있었다. 결국 주요 단체들 사이에서는 우선 선거법 제87조의 개정을 강력하게 요구하고, 만일 정치권이 이를 계속 거부한다면 선거법 위반도 각오하자는 분위기가 형성되었다. 실제로 이런 태도는 총선연대 발족 선언문에 "총선시민연대가 변화한 시대와 성숙한 유권자의 편에 서고자 한 것이 불법이라면 우리는 기꺼이 법정에 설 용의가 있다. 그러나 우리는 최대한 법의 권위를 존중할 것이며 총선이 시작되는 날까지 낡은 선거제도의 개혁을 위해 모든 노력을 기울일 것이다."라고 한 대목에서 확인할 수 있다.[3]

총선연대를 구성하고 있던 2000년 1월 초, 당시 참여연대에서 일하던 양세진 씨에게서 전화가 왔다. 총선연대를 발족하려 하는데, 참여 의사를 밝히는 단체들이 적다는 것이었다. 급한 대로 서울 외의 지역에 있는 단체에 전화를 돌려 보기로 했다. 대체로 호의적이었으나 단체 임원들을 미처 설득하지 못하고 있었는데, 역시 선거법 제87조가 문제였다.

한편 총선연대가 출범한다고 했을 때 경실련의 참여 여부는 적지 않은 이슈였다. 정치권과 선관위가 '낙천낙선운동'은 불법이라는 점을 계속 강조하고 있는 상황에서 1990년대 공명선거 캠페인이나 정책 캠페인의 주축 단체였던 경실련의 참여에 관심이 모아졌다. 그러나 경실련은 총선연대가 불법도 각오하고 있다면 참여할 수 없다는 입장을 밝힌 상황이어서 다른 단체들도 참여를 섣불리 결정하지 못하고 있었다.

그러던 중 경실련이 167명의 공천 부적격자 명단을 전격적으로 발표했다. 총선연대가 이미 '낙천낙선운동'을 선언하고 참여 단체들을 모으는 중이었고, 경실련은 합법적 운동을 한다는 취지에 맞지 않을 가능성 때문에 참여를 결정하기 어렵다는 입장을 밝힌 직후라 다들 당황했다. 다음 날 각 신문과 방송은 경실련의 공천 부적

---

3 하승창, 〈시민운동의 합법성테제에 대한 인식〉, 《NGO와 법의 지배》, 박영사, 2006.

격자 명단으로 도배하다시피 대대적으로 보도했고 시민들의 반응도 폭발적이었다. 경실련의 웹사이트는 네티즌들이 몰려 바로 다운되었고, 명단을 구하려는 사람들의 전화로 경실련 사람들과 통화하기가 쉽지 않았다.

낙천·낙선 대상자 명단 발표에 참여할 것 같지 않던 경실련은 전격적으로 명단을 발표한 것을 두고 전 해부터 준비해 온 '정보공개운동'의 일환이라고 설명했지만, 누가 보아도 이는 낙천·낙선 대상자 명단 발표로 받아들여졌다. 선관위는 즉각 경실련의 명단 발표를 선거법 위반으로 규정했다. 경실련이 합법이라고 주장했지만 선관위가 불법이라고 발표하면서 결과적으로 '낙천낙선운동'이 대세라는 인식이 순식간에 확장되었다. 그 후 총선연대의 낙천·낙선 대상자 명단 발표까지 이어지고 경실련도 총선연대를 지지 방문하면서 공감을 표하자, 정치권과 선관위는 명단 발표까지는 합법이라는 입장으로 돌아섰다.

시민운동 합법성에 대한 두 가지 인식

경실련의 명단 발표 이후 결정을 미루고 있던 단체들이 '낙천낙선운동'의 가능성을 발견하고 대거 총선연대에 합류하게 되었다. 출범 기자회견 전에 412개의 단체가 참여를 결정했고, 이후 석 달간 이어진 총선연대 활동에 참여한 단체는 1,000개가 넘어 시민단체

이남주   최 열   김정헌   상증

2000년 1월, 총선연대가 총선반대인사명단 발표 기자회견을 하고 있다. 경실련의 공천대상자에 대한 정보공개에 이어 한국의 낡은 정치문화를 개혁하기 위한 시민단체들의 본격적 활동이 시작되는 역사적인 장면이다.

연대 활동 사상 가장 많은 단체가 참여했다.

그러나 발족 당시의 이 미묘한 입장 차이는 총선연대 활동 내내, 그리고 활동이 끝나고 난 후 시민운동 내 일종의 노선 논쟁으로 발전하게 되었다. 시작은 경실련의 창립자인 서경석 목사로부터였다. 서경석 목사는 2000년 11월 한국시민단체협의회가 주최한 제3회 시민단체대회에서, 경실련으로 대표되는 그동안의 시민운동과 달리 16대 총선 때 나타난 총선연대의 활동은 국민의 호응도가 모든 판단의 잣대가 되는 대중추수적, 포퓰리즘적 운동이었다고 주장했다. 그와 더불어 총선연대의 문제를 다음과 같이 비판했다. 첫째, 국민의 호응이 열렬하다고 해서 시민운동이 판관이 되어 낙선자 명단을 절대 무오류의 명단으로 확정하고 언론의 여론몰이에 힘을 입어 다중의 힘으로 밀어붙이는 방식은 시민운동의 바른길이 아니다. 둘째, '낙천낙선운동'이 탈법적인 방법으로 이루어지는 바람에 공선협이 십 년 가까이 공들여 왔던 준법의 틀이 무너졌고, 시민운동이 이 불법성에 대해 답하지 못하면 앞으로 국민을 향해 법과 질서를 호소할 수 있는 자격을 얻지 못할 것이다.[4]

서경석 목사의 문제 제기에 총선연대는 즉각 대응하지 않았다. 그러나 연이어 경실련 측 인사들이 미디어를 통해 문제 제기를 이어갔고, TV 토론 주제로 다루어지기도 했다. 결국 당시 주간지였던 《시민의신문》을 통해 경실련 사무총장 출신인 이석연 변호사와 참

---

4 서경석, 〈한국 시민운동의 재정립을 위하여〉, '2000년 3회 한국시민단체대회' 한국시민단체협의회, 2000, 27~28쪽.

여연대 사무처장이던 박원순 변호사가 논쟁을 벌였다.

이석연 변호사는 "시민단체는 개혁을 위해서라면 법치주의도 뛰어넘어도 된다는 권한을 헌법으로부터 부여받지 않았다. 개혁을 명분으로 많은 논란이 있고 법철학적으로 불확정 개념인 악법에 대한 저항권 이론을 내세워 법의 테두리를 뛰어넘을 때에는 시민운동은 그 한계를 벗어나서 그 행위에 대한 헌법적 정당성이나 국민적 신뢰성을 상실하게 된다."라고 주장하며 법치주의를 벗어나는 시민운동에 경악을 금할 수 없다고 했다. 이에 대해 참여연대 사무처장이던 박원순 변호사는 "현존 법질서를 지키기 위해 시민운동이 있는 것이 아니라 정당한 법질서를 지키기 위해서 시민운동이 있는 것이다. 하나의 신념을 한 시대에서는 용납하지 않을 수 있다. 많은 법제가 그동안 바뀌어 왔다. 바로 5년, 10년 전에 제삼자 개입 금지로 노동운동가들을 옥죄어 왔다. 지금은 다 합법화되었다. 심지어 50년, 100년 전에 여성의 투표권은 인정받지 못했다. 영국과 미국에서 많은 시민운동가와 여성운동가가 그 투표권을 획득하기 위해 싸우다 감옥에 갔다. 지금 그 사람들이 (법을 넘어섰다고) 비판하는 사람은 없다. 시민운동가는 그런 신념과 다음 시대를 위해 싸울 수 있어야 한다."라고 말해 다른 시각을 확연히 드러냈다.[5]

이처럼 총선연대 이후 진행된 약간의 논쟁은 시민운동의 합법성에 대한 시민운동 활동가들의 인식 차이에 관한 것이었다. 설사 그

---

5 이 논란의 경과는 앞의 글 〈시민운동의 합법성 테제에 대한 인식〉 참조.

것이 틀린 법이라고 생각해도 법을 지키면서 운동을 해야 한다는 서경석 목사의 확신은 실제 경실련이 집시법 조항을 철저히 지키면서 모든 집회와 시위를 진행하는 것으로 나타났다. 법을 지키며 법의 문제를 드러낸다는 것이다. 이 법을 지키기 위해 담당 상근자들은 심지어 집회와 시위를 할 수 있는 공간과 도로를 미리 조사해 놓을 정도였다. 경실련이 조사하여 만들어 낸 집회 장소와 시위 코스는 다른 시민단체들의 집회 장소가 되기도 했다.

반면에 시민운동가는 신념과 다음 시대를 위해 때로는 현존 법과 싸울 수 있어야 한다는 것이 총선연대에 참여했던 사람들의 인식이었다. 많은 환경운동가나 인권운동가는 환경 문제나 인권 문제에 대한 사회의 관심을 촉구하기 위해 실정법 위반인 줄 알면서도 행동에 옮기는 경우가 왕왕 있으며, 법 위반의 대가로 벌금이나 구류, 징역형 등을 '수용'함으로써 오히려 헌법적 가치를 수호한다는 것이다. 실제로 선거법은 이런 싸움의 결과로서, 여전히 시민단체들의 선거 활동을 제약하고는 있지만 과거보다 한층 완화된 내용으로 개정되기도 했다.

서경석 목사는 문제만 제기한 것이 아니라 실제 총선연대와는 다른 시민운동 진영을 구축해야 한다고 보았다. 총선연대 이후 만들어진 시민단체연대회의에 참여하지 않은 서경석 목사는 이후 '뉴라이트' 운동의 발족에 참여하면서 자신이 생각한 대로 시민운동의 다른 진영을 만드는 데 기여했고, 이후 본격적으로 보수적 가치를 내세우는 시민운동을 만들고 확산하는 활동을 펼침으로써 1990년대에는 드러나지 않았던 보수단체들을 본격적으로 시민운동 대열에 등장시키는 데 성공했다.

이것은 〈그림1〉에서 '시민단체' 관련 보도량이 다시 많아지는 2002년에서 2003년의 변곡점을 만드는 여러 요인 중 하나가 되기도 한다. 하나의 요인이라고 한 이유는 이 무렵 시민운동에는 1990년대의 시민단체들과 다른 모습으로 성장하는 그룹들이 생겨났고, 보수적 시민단체뿐 아니라 새로운 그룹들의 노출 빈도도 동시에 높아졌기 때문이다.

이 이야기를 본격적으로 하기 전에 1990년대에 시민단체들은 어떻게 성장했고, 이후에는 왜 영향력을 지속하지 못한 것인지 먼저 이야기해 보기로 하자.

3

경실련에서
참여연대로

————

앞에서 1990년대에 급격히 성장한 시민단체들은 총선연대 활동을 거치며 사회적 영향력의 정점을 찍었지만, 언론과 정치권의 견제로 성장이 위축되는 모습을 보였다고 했다. 동시에 보수적인 시민단체들의 등장과 보수적인 정부의 등장으로 과거 같은 영향력을 발휘하지 못하는 외부 환경도 있었음을 지적했다. 그런데 2000년대의 시민단체 활동이 1990년대에 비해 상대적으로 위축된 것이 반드시 그런 외부 조건 탓만은 아니다. 1990년대에 시민단체들이 급속히 성장한 데는 1980년대와는 다른 새로운 사회적 문제의 발생에 대한 나름의 통찰이 있었기 때문이다. 그러므로 2000년대 우리 사회의 변화에 대한 통찰이 부족했던 점을 시민단체들의 내적 문제로 인식하고 반드시 살펴봐야 한다.

시민운동 등장의 배경

1990년대 시민단체들이 새롭게 등장하자마자 급격하게 성장하게 된 배경부터 이야기해 보자. 등장과 성장의 이유를 살펴보면 반대로 위축의 이유도 가늠해볼 수 있을 것이다. 사실, 시민단체든 무엇이든 자신을 둘러싼 환경의 변화를 인지하지 못하면 뒤처지게 마련이다. 성공한 기업이 몰락하는 이유가 성공했던 상품과 방법에 대한 미련을 버리지 못해 변화에 뒤처져서인 것과 유사하다.

이제는 여러 대학에 엔지오 관련 학과도 생기고 관련한 논문으로 학위를 받는 사람도 나오면서 많은 공감대가 형성되었지만, 1990년대 시민단체들의 등장 배경에는 1987년의 민주화운동이 자리하고 있다. 1987년의 민주화운동은 시민운동의 태동과 성장에만 영향을 미친 것이 아니라 그 이전의 한국 사회와 그 이후의 한국 사회를 다르게 만든 일종의 결절점 같은 사건이다. 박정희와 전두환을 잇는 군사정부가 물러나면서, 경제와 사회의 발전 전략이 달라졌고, 정치 과정이 달라졌고, 문화가 달라졌으며, 시민들의 의식도 달라졌다. 그러나 역사에서 그 순간을 사는 사람들이 그 같은 총체적인 변화에 대한 인식을 단번에 공유하기는 어려운 일이다. 그럼에도 변화를 감지한 앞선 사람들은 있게 마련이고 그런 사람들의 시도가 새 길을 내는 법이다.

당시 노동운동에 몸담았던 나는 실상 그 큰 변화를 온전히 알았다고 할 수는 없다. 1987년 6월 민주화운동에 연이어 벌어진 7월과

8월의 노동자 대투쟁의 현장에서 싸움이 벌어지는 공장으로, 노동자 계급의 정치 세력화를 위한 정치 토론이 벌어지는 각종 노동자 대회나 워크숍 현장으로, 하루하루 바쁘게 돌아다니고 있었기 때문이다. 같은 시기에 소련에서 진행된 고르바초프의 페레스트로이카 같은 변화가 무엇을 의미하는지도 세월이 조금 지나서야 다시 정리할 수 있었다.

　1988년과 1989년을 지나며 '전국노동조합협의회(전노협)'나 '전국교사협의회(전교협)' 같은 대중적인 단체들이 만들어지면서 비밀 조직으로 있던 단체들의 영향력은 급속히 줄어들었다. 노동조합운동은 성장하는데, 그에 이바지했던 비밀 조직은 오히려 영향력이 줄어드는 현상이 벌어진 것이다. 무언가 큰 변화가 생겼다는 느낌이었다. 비밀 조직의 형태로 세상의 변화를 만들어 내겠다는 것은 활동 범위만 좁히는 것이라 판단하여 1990년 초 필자가 속해 있던 단체는 스스로 활동을 접기에 이른다. 1980년대 내내 필자를 지탱했던 이념적 기초나 활동의 방법론에 대한 회의가 들자 더는 노동운동에 머물 수 없게 되었다. 그렇게 고민하는 사이에 새 길을 내려고 움직이는 사람들이 있었다. '시민운동'이라는, 당시로서는 낯선 이름으로 자신을 드러냈던 사람들이 1989년 '경제정의실천시민연합', 지금은 약칭 '경실련'으로 더 잘 알려진 시민단체를 만들기에 이른다.

　1987년 직선제 개헌 이후 권력을 구성하는 합법적 방식인 선거라는 정치적 공간을 갖게 된 우리 사회는 그동안 군부독재에 저항했던 민중운동 방식의 변화를 요구하게 되었다. 시민운동은 그런 변화 위에서 시작되었다. 경실련은 스스로 합법적이고 비폭력적이며 정책 대안을 중심으로 하는 운동을 하겠다고 선언하면서 민중운동과 선을 그었고, 변화된 사회 환경에 조응하는 운동으로 주목받았다.

경실련을 창립한 서경석 목사는 1987년 이후 변화된 사회적 조건을 인지하지 못하고 여전히 폭력적 방식의 투쟁과 강령적 주장들을 구호로 외치고 있던 민중운동에 회의를 느끼기 시작한 그룹들을 설득하기 시작했다. 자신이 활동했던 새문안교회 출신의 기독교운동 그룹과 YMCA 출신 인사들, 변형윤 교수의 제자 그룹들인 경제학자들을 연결하고, 당시에도 우리 사회의 큰 문제였던 부동산 문제를 첫 번째 과제로 들고 나왔다. 구체적 과제를 중심으로 활동을 해야 한다는 생각이 워낙 강해서 부동산 문제를 해결하는 시민 모임으로 단체의 정체성을 정하자는 주장도 강력했지만, 경제 정의 전반을 다루려면 그에 맞는 이름을 정해야 한다는 주장들에 밀려 경제정의실천시민연합이라는 이름을 갖게 되었다.

경실련은 출범하자마자 기존 민중운동 세력들의 회의적 시선에도 불구하고 언론과 정치권의 주목을 받으며 이름을 알리기 시작했다. 1990년대 들어서면서 경실련에 이어 민중운동 진영에 있던 '공해추방연합'이 환경 문제에 관심이 있던 다른 그룹들과 함께 '환경운동연합'을 만들고, '여성평우회'가 '여성민우회'로 변화하고, '녹색연합'이 발족하는 등 지금의 주요 시민단체들이 모두 창립되었다. 1994년에는 '참여연대'가 창립되면서 1990년대의 '시민운동', '시민단체'는 주요한 사회적 현상으로 자리매김하기에 이른다.

참여연대는 박원순 변호사를 비롯한 변호사 그룹과 조희연 교수를 중심으로 한 진보 진영의 사회과학자들, 김기식·김민영 등 학생운동 출신으로 새로운 사회운동에 대한 고민을 막 시작하던 그룹들이 함께 모여 창립했다.

단체를 창립할 때 언제나 가장 중요하게 논의하는 것이 단체의 정체성을 무엇으로 할 것이냐, 어떤 과제로 할 것이냐 하는 점이다. 아무래도 사회 문제에 대응하는 시민단체를 만들게 되면 경실련과 비슷한 단체 아니냐는 시선이 있게 마련이다. 이에 참여연대는 경실련이 내세운 경제 정의 대신 사법 개혁과 복지 문제를 중요한 과제로 내세웠고, 단체 이름이 의미하듯 '시민 참여'라는 방법을 더 중요하게 여겼다. 그러나 정책 대안 중심의 활동, 합법적 방식의 활동 등 운영의 방식에서는 경실련과 큰 차이가 없었다. 물론 과제의 영역이 다르고, 경실련은 우실련, 참여연대는 좌실련이라는 말이 오갔을 정도로 가치 지향이 다른 점을 강조하는 흐름도 있었다. 어쩌면 경실련과 참여연대의 이 차이가 몇 년 후 총선연대 활동을 지나면서 서로 다른 방향으로 갈라지는 데 작용했는지도 모를 일이다.

냉전 체제의 해체와 다원화

1970년대의 재야 민주화운동과 1980년대 민중운동이라는 이름으로 벌인 사회운동이 우리 사회의 민주화에 결정적으로 기여했고, 1980년대 후반 노동운동과 여러 부문 운동이 다양하게 성장하고 있었기 때문에 1990년대 시민운동의 등장은 갑작스런 면이 없지 않았다. 적어도 당시의 필자에게는 그랬다. 경실련에 처음 갔던 1992년만 해도 시민운동은 낯선 이름의 운동이었다.

앞에서 민주화라는 변화가 사회운동의 방식을 바꾸어야 한다는 시대적 요구를 제기한 셈이라고 했지만 시대 변화의 배경에는 민주화만 있었던 것이 아니다. 1970년대와 1980년대의 경제적 성장 아래 다양한 계층이 성장했고, 사회적 갈등도 과거와 달리 다양한 형태로 나타나기 시작했다. 거대 담론에 기초한 주장보다 구체적인 삶의 문제를 제기하는 생활 정치에 대한 관심이 높아져 갔다. 경실련이 치솟는 전셋값 때문에 연이어 발생하는 자살 문제에 주목하면서 '주택임대차보호법'의 필요를 제기하고, 참여연대가 우리 사회의 공정한 경쟁을 해치는 부패에 주목하면서 '부패방지법'을 제안하고 '국민생활최저선운동'으로 복지 문제를 제기했던 것 등은 기존의 민중운동의 의제들과 달리 사람들의 삶과 직접 관련이 있는 구체적 의제들이었다.

구소련의 몰락과 독일의 통일이라는 세계사적 변화가 대립과 반목에 기초한 남과 북의 이분법적 구도에 균열을 가져오기도 했다.

냉전 체제가 해체된 공간에는 독재와 민주라는 이분법적 대립 대신 복잡한 사회적 요구와 다양한 가치 지향에 따른 분화가 자리 잡았다. 기본적으로 다원적 가치를 지향하는 시민운동이 그 자리에 들어선 것은 어찌 보면 자연스러운 일이었다.

그 가운데 시민운동은 1980년대 사회운동의 중심 개념이었던 계급 대신에 '시민'에 주목하여 시민을 새로운 운동의 주체로 드러냈다. 따라서 운동의 목표 역시 계급적 이해를 대변하는 것이 아니라 사회 전체의 이익에 둘 것을 밝히며 시작했다. 실제 경실련은 1990년대 초·중반 자신의 운동을 사회 전체의 이익을 위한 '공공선 운동'이라 부르기도 했다.

우리가 오늘 이 운동의 주체를 시민이라고 표현할 때는 단지 민중과의 차이를 보여주기 위한 것만은 아닙니다. 오히려 우리의 깊은 관심의 대상은 87년 6월 민주화대항쟁 때 길거리에 쏟아져 나왔던 시민들입니다. … 우리가 소망하는 바로 이 시민들이, 바로 이 보통 시민들이 다시금 경제 정의를 위한 행동에 참여함으로써 이번에는 분배의 기적을 만들어 내는 일입니다.

– 〈경실련 발기 취지문〉, 1989.

이처럼 시민운동의 등장은 우리 사회의 변화가 가져온 사회운동의 진화이기도 하다. 소설가 빅토르 위고는 그의 일기에서 "때를 만난 아이디어는 군대보다 강하다."라고 했다. 모든 사회운동이 태어

나서 성장하고 소멸해 가는 역사를 갖게 된다. 기존의 운동을 넘어서 새로운 사회운동이 우리 사회에 등장할 때는 그 사회적 조건이 변했기 때문에 가능한 것이다. 시민운동은 1987년 민주화운동 이후 우리 사회의 민주화, 경제성장으로 인한 사회 갈등의 복잡화, 가치 지향의 다원화라는 변화가 있었기에 성장할 수 있었다.

4 군보다 힘이 셌던 그 시절의 경실련

1990년대 시민단체들의 성장을 상징적으로 보여주는 언론 보도가 있다. 시사저널이라는 주간지는 매년 '누가 한국을 움직이는가'라는 주제로 전문가 대상 설문조사를 펼쳐 한국에서 가장 영향력 있는 인물과 집단을 선정한다. 알다시피 지금의 시사저널은 1990년대의 시사저널과는 좀 다르지만[6] 어쨌든 여전히 이 조사를 매년 하고 있다.

이 조사는 오랫동안 정기적으로 시행되어 한국을 움직이는 사람들, 영향력 있는 집단의 변화 추이를 볼 수 있다는 장점이 있다. 거의 매년 가장 영향력 있는 인물에는 조사 당시의 대통령이 선정되었다. 또 빠지지 않고 등장하는 사람은 작고한 김수환 추기경과 삼성 이건희 회장이다. 대통령을 제외하고 2위 김수환 추기경, 3위 이건희 회장이라는 순서는 크게 변동이 없었다. 어찌 보면 이건희 회

---

6 삼성 관련 기사를 게재하는 문제로 촉발된 기자들과 경영진의 편집권 다툼으로 당시 기자들이 대거 퇴사하여 2007년 시사IN이라는 잡지를 창간했다. 시사IN을 만든 사람들은 1990년대 시사저널에 근무했던 사람들이 많다.

장이 한국 사회를 움직이는 가장 영향력 있는 사람이라는 설문 조사 결과일 수도 있겠다.

잠시 다른 이야기가 되었지만, 어쨌든 1993년의 이 조사 결과는 이전 조사들과 좀 달랐다. 한국 사회를 움직이는 가장 영향력 있는 집단이나 세력에 관한 조사에서 재야, 학생 세력이나 군부가 하위권으로 밀려나고 시민단체가 순위에 진입한 것이다. 가장 영향력 있는 인물 조사에서도 경실련을 창립한 서경석 목사가 처음으로 순위에 들었다. 시사저널은 이 변화에 주목하며 당시 표지 이야기의 제목을 '경실련, 군보다 세다'라고 뽑았다.

이 조사 결과는 1980년대의 민중운동을 넘어 1990년대에는 시민운동이 주요한 사회운동으로 인식되기 시작했다는 일종의 신호로 보였다. 동시에 1987년 민주화운동 이후 우리 사회를 이끌어 가는 주요 세력이나 집단이 변화하고 있음을 보여주고, 특히 군부의 영향력 축소를 보여주는 조사 결과였다.

경실련과 서경석 목사의 영향력이 이처럼 커진 배경은 경실련이 창립 이후 정부에 줄기차게 요구해 온 금융실명제 전격 실시, 정부도 속수무책이던 한약 조제권 분쟁 조정 등이 크게 작용한 것으로 보인다. 특히 설문 조사 전에 언론에 크게 부각된 경실련의 한약 분쟁 중재 노력과 조정 능력이 시기적으로 큰 영향을 미쳤을 것임은 틀림없다. 그럼에도 불구하고 좌우 세력의 퇴조라는 시대 흐름과는 별도로 한낱 시민운동단체가 전경련과 노총 등 거대한 이익 단체와 종교 집단, 언론 매체의 힘을 앞질렀다는 것은 놀라운 현상이다.

- 〈누가 한국을 움직이는가? 경실련, 군보다 세다〉, 시사저널 208호, 1993.10.21.

경실련을 일약 영향력 있는 사회 단체로 성장하게 만들었던 한약 분쟁은 여러모로 상징적인 사회적 사건이었다. 한의사와 약사 간의 한약 제조권을 둘러싼 분쟁을 정부조차 어찌하지 못하고 한의대생과 소비자 들만 피해를 보고 있는 형국이었는데, 경실련이란 시민단체가 중재에 나서 문제를 해결하면서 엄청난 주목을 받은 것이다. 이후에 분쟁과 갈등 조정에 관한 적지 않은 논문들이 이 사례를 기초로 나오기도 했고, 시민단체의 역할에 대한 연구 주제로도 인용되었다.

경실련이 이 문제에 관여하게 된 계기는 한의대생들이 경실련 강당에 와서 농성을 하면서였다. 당시 이 문제를 담당한 경실련 정책실의 간사는 지금은 조선대 교수로 재직하고 있는 최홍엽 박사였는데, 갈등 과정 내내 고생하다가 마지막 해결 과정에서는 필자가 담당하게 되었다. 당시 최 교수가 예비군 동원 훈련이 있어 그 자리를 누군가 대신해야 했기 때문이다. 부랴부랴 경실련 회의실 한 곳을 한의사회와 약사회의 협상장으로 마련하고, 기자들의 접근을 막으며 일주일 동안 서경석 당시 사무총장의 중재로 협상 회의가 진행되었다. 그동안 집에도 제대로 들어가지 못하고 관련 연락이며, 자료 복사며, 보도 자료 배포 등을 혼자서 모두 진행해야 했

1부 1990년대
시민운동

한약 분쟁을 둘러싸고 약사와 한의사 간의 갈등이 첨예해졌지만 정부조차 해결하지 못하고 있던 상황에서 시민단체인 경실련이 중재에 나서 협상타결을 이루어 낸다. 사진은 분쟁 해결을 위한 협상이 이루어졌음을 발표하고 있는 장면이다. 이후 시민단체의 사회적 영향력이 급속히 확대되었다.

다. 우여곡절 끝에 경실련 강당에서 두 집단 간의 협상이 이루어졌음을 알리는 기자회견이 이루어졌고, 공중파 방송 9시 뉴스에 생중계로 이어지면서 전 국민의 관심을 불러일으켰다. 이에 따라 경실련에 대한 인지도나 시민운동에 대한 관심은 극적으로 높아질 수밖에 없었다. 다음 날 일간지 만평이나 4컷 만화에는 보건복지부의 간판을 내리고 경실련 간판을 올리는 만화들이 나올 정도였다.

김영삼 정부가 금융실명제를 전격적으로 실시하면서, 창립 이후 금융실명제를 부패 청산의 중요한 제도적 장치로 주장해 오던 경실련에 대한 정치적·사회적 관심이 높아진 데다, 한약 분쟁이라는 갈등을 성공적으로 조정한 일은 경실련과 시민운동, 창립자였던 서경석 목사 개인 모두를 한국 사회에서 가장 영향력 있는 위치로 끌어올린 중요한 계기였다.

한약 분쟁의 사회적 의미

한약 분쟁은 사회운동의 관점에서도 의미가 있는 사건이지만, 다른 한편으로는 1990년대의 우리 사회는 이전 시대와는 성격이 다른 사회 갈등이 이어질 것임을 예고하는 사건이었다고 생각한다. 이어지는 내용은 졸저 《하승창의 NGO 이야기》에 실려 있는 것을 바탕으로 다시 정리한 내용이다.

1993년의 한약 분쟁은 한의사와 약사 간의 약업권, 즉 한약에 관한 두 집단 간의 영역 다툼이라는 성격을 가진다. 즉 두 전문 집단 간의 경제적 이익과 직결된 분쟁이기도 하다. 동시에 우리나라 의료 전달 및 교육 체계와도 직간접적으로 연결된 문제였다. 이 분쟁의 직접적 발단은 약사법 시행규칙 한 조항의 개정이었다. 약사법 시행규칙 제11조 1항 7호는 약국은 재래식 한약장 이외의 약장을 청결히 관리할 의무가 있다는 것인데, 한의사들은 이 조항을 약사의 한약 조제 금지 규정으로 받아들였다. 그런데 정부가 이 조항을 삭제하려 하면서 분쟁은 시작되었다. 한의대가 늘면서 배출되는 한의사도 늘어나는 와중에 이 조항의 삭제는 약사까지 한약 조제에 뛰어들게 만드는 것이므로, 한의사와 한의대생의 반대가 높아질 수밖에 없었다. 한편 약사는 약사대로 이미 한약 조제를 하고 있었고 별다른 문제가 없었으므로 한의사들의 반발로 갑자기 규제하게 된다면 받아들이기 어려운 것이었다.

미래의 한의사인 한의대생들의 반대가 가장 적극적이어서 1993년 신학기가 지나면서는 수업을 거부하고 삭발과 집회·농성 등으로 싸워 오던 한의대생들의 집단 유급이 현실적 문제가 되었다. 이에 대책 없는 보건사회부를 비난하는 목소리가 높아지자 약사법개정추진위원회를 구성하여 개정안을 마련하지만 한의사·약사·시민단체 모두에게 환영받지 못한다. 한의대 교수들의 사표, 약대생들의 수업 거부, 약사회 측의 면허 반납과 휴업 등으로 사태가 오히려 더욱 확산되는 추세로 이어지고 있을 때, 경실련이 중재안을 발표한다.

경실련의 중재안을 중심으로 한의사회와 약사회는 경실련을 포함한 한약조제권분쟁조정위원회를 구성하고 극적인 합의안을 만들어 내면서 사회적으로는 분쟁이 종결된다. 그러나 이 합의안은 추인받는 과정에서 약사회에 의해 최종적으로는 파기되지만, 그해 정기국회에서 이 중재안을 골격으로 한 약사법 개정안이 통과되면서 분쟁은 최종적으로 마무리된다. 이 중재안의 요점은 한약사 제도를 두는 것이었다. 그에 따라 약사들은 한약사 시험을 보아야 했고, 일부 대학에는 한약학과가 생기게 된다. 그러나 이후에 한약사 제도라는 것이 그리 실효를 거두지 못했다. 그 때문에 분쟁을 조정하기 위해 만든 절충안이 우리 의료 체계에 적합한 것인가 하는 의문이 제기되었지만, 당시에는 악화 일로였던 분쟁이 정리되었다는 것 때문에 이 의문이 사회적으로 검토되지 못했다.

한약 분쟁은 이처럼 우리나라 의료 체계에 관한 문제를 제기하는 것이기도 했지만, 동시에 급속한 경제 성장과 그에 따른 다양한 이익집단의 성장을 보여주는 상징적 사건이기도 했다. 급속한 성장의 과정에서 이익집단이 가져올 사회적 변화에 대한 예측도 없었고 또한 이익집단 간의 갈등과 분쟁에 대해 합리적인 사회 규칙을 형성할 여유도 갖지 못한 것이었다. 따라서 한약 분쟁은 1990년대 이후에는 다양한 이익집단 간의 분쟁이 사회 갈등의 주요한 모습이 될 것임을 예고한 셈이기도 하다. 당시 한약 분쟁의 틈바구니에서 한약업사는 한약업사대로, 침구사는 침구사대로, 슈퍼마켓연합회는 또 그들대로 자신들의 이해를 관철하기 위해 바쁘게 움직였다.

실제 그 이후에도 이익집단 간의 갈등과 분쟁을 해결할 합리적 절차를 마련하지 못했고, 이런 절차의 필요에 대해 시민단체들이 요구하고 있었지만 별다른 대책 없이 지나다 2001년에는 의약 분업 때문에 또 한번 홍역을 치러야 했다. 1990년대 후반과 2000년대 초반 쓰레기 매립지 문제나 방폐장 문제처럼 자치단체와 주민들 간의 갈등과 분쟁이 많아지면서 노무현 정부 때 비로소 갈등 관리에 관한 법이 만들어지고 경실련에 갈등해소 센터가 생기는 등 제도적·사회적 노력이 이루어진다.

5

세상을 바꾼 시민단체들

___

1990년대 시민단체들이 이룬 성취는 지금 돌아봐도 대단한 것들이 었다. 경실련의 금융실명제 주장이나 한약 분쟁의 조정과 중재, 토지공개념 3개 법안 입법에 대한 기여, 공명선거운동을 통한 선거제도의 변화, 참여연대의 부패방지법, 소액주주 소송을 통한 기업 경영의 투명성 제고, 처음으로 우리 사회가 복지에 눈을 돌리게 한 국민생활최저선운동. 또 생태적 가치에 주목하게 한 환경운동연합의 동강댐 건설 반대, 환경단체들의 쓰레기 종량제 시행 요구, 여성단체들의 호주제 폐지와 성희롱 예방교육 의무화 등등. 나열하자면 끝이 없을 것 같은 아주 구체적인 성취들이 각 단체의 연혁을 장식하고 있다.

경실련과 참여연대의 성취

이들이 이룬 성취 하나하나가 우리 사회의 변화와 관련해 작지 않은 의미가 있는 것이고, 다 살펴보자면 그것만으로도 긴 이야기가 될 것이다. 예컨대 경실련의 금융실명제 주장이 김영삼 정부에 의해 전격적으로 받아들여진 것은 경제의 투명성을 높여야 한다는 사회적 공감대가 현실화된 것이기도 하지만 시민단체를 매개로 한 정책 대안 운동의 현실성이 확인된 것이기도 하다. 실제로 초창기 경실련의 정책위원회는 '학현그룹'이라 불리는 경제학자가 중심이 된 변형윤 교수의 제자 그룹이 이끌어 갔지만, 금융실명제의 시행으로 그간 참여를 망설이던 전문가들이 대거 경실련에 참여하는 계기가 되었다. 필자는 당시 정책실 간사로 일하면서 20여 개 분과마다 10여 명 이상의 전문가 리스트를 관리하고 있었고, 1990년대 중반에는 지역 경실련에 참여하는 전문가들까지 수백 명의 정책 전문가가 경실련의 네트워크에 연결되어 있다는 사실에 스스로도 놀랐을 정도였다.

정부와 시민단체 간의 정책 토론은 이제 이상한 일이 아니었다. 민주화운동과 관련한 조직이나 활동에 참여하는 것 말고는 현실 참여가 어려웠던 교수나 변호사 들이 전문성을 살려 참여할 기회가 많아진 것이나, 이전에는 만나기도 어려웠던 정부 관료들과 마주 앉아 정책을 놓고 토론하는 일은 그 자체로 충분히 매력적인 일이었다. 지금은 이런 일들이 워낙 일상적이어서 별로 주목받을 일이 아니지만 당시로서는 큰 변화였다. 그만큼 사회적 공론의 장이 넓어지면서 민주주의의 확장에도 이바지했다.

또 참여연대가 소액주주운동을 통해 벌인 재벌 기업들의 경영

투명성 확보와 관련한 문제 제기와 소송에서의 승리는 관련 법 제도의 개선으로 이어지면서 시민단체들이 기업의 문제에도 실질적인 영향을 미칠 수 있음을 보여준 의미 있는 사건이었다. 주식을 보유한 사람들이 아니면 접하기 어려웠던 기업 주주총회의 모습이 시민들에게 알려지고, 그 기업의 경영이 얼마나 비정상적으로 이루어지는지, 재벌이 어떻게 기업을 소유하고 마음대로 경영하고 있는지 그 민낯을 제대로 볼 수 있었다. 누가 삼성전자의 주주총회장에서 거대 재벌과 다투는 소액주주의 모습을 상상이라도 할 수 있었을까? 당시 참여연대의 활동을 돌아보면 지금까지도 과제로 이어지고 있는 것들이 적지 않지만, 특히 국민생활최저선운동의 경우는 지금처럼 복지가 시대적 과제로 사회적 공감대가 넓어지기 전에 시작했다는 점에서 참여연대의 통찰은 의미 있게 평가받아야 한다.

다양한 시민단체의 등장과 약진

환경단체들의 동강댐 건설 반대 운동도 정부의 대규모 개발 사업을 시민단체가 나서서 조정할 수 있음을 보여준 사건이었다. 당시는 인터넷이 조금씩 확산되던 시기인데, 웹사이트에 올라온 동강의 아름다운 사진은 사람들의 감성을 흔들었고, 환경운동연합은 실제 동강으로 답사 가는 프로그램을 만들어 동강을 지켜야 한다는 사회적 공감대를 넓혀 냈다. 덕분에 우리는 지금도 동강의 아름다운

경치를 볼 수 있다.

여성단체들의 호주제 폐지 운동도 1990년대 여성운동, 시민운동의 대표적 성과라 할 수 있고, 김대중 정부 시절 설치된 국가인권위원회 역시 1990년대 인권운동의 성과라 해도 무방할 것이다. 이처럼 잘 알려진 시민단체들의 성과는 물론, 작은 단체들의 성과도 우리 사회의 변화에 이바지한 바가 만만치 않다.

요즈음 세종로 사거리를 다니는 사람들은 아무 생각 없이 넓디넓은 16차선 도로를 횡단보도로 건너다니지만, 2000년대 초반까지만 해도 세종로 사거리에는 횡단보도가 없었다. 보행자는 교보문고로 이어진 지하도로 건너다녀야 했고, 그래서였는지 지금처럼 세종로 사거리가 사람들로 붐비지도 않았다. 그저 넓은 도로에 차들만 지나다닐 뿐이었다. 이 거리에 변화의 바람을 일으키는 데는 청계천 복원도 큰 몫을 했지만 그보다 앞선 것이 횡단보도의 설치다.

〈녹색교통운동〉이라는 교통사고 유자녀들을 돕는 단체가 서울시의회와 싸우면서 끈질기게 벌여 온 일 중 하나가 보행권 조례 제정 운동이었다. 1997년 서울시가 보행권 조례를 만들고 나서, 세종로 사거리에는 세종문화회관과 동화면세점을 잇는 딱 한 군데에 횡단보도가 설치되었다. 그리고 꽤 시간이 지나고 나서 네 군데 모두 설치되었다. 물어보지 않아도 짐작할 수 있는 일이다. 단 한 군데의 횡단보도였지만 장애인이나 노인 등 교통 약자들이 얼마나 반가워했겠는가? 사람보다 차가 우선이었던 도시교통정책에 사람이 우선이라는 인식의 변화가 생기기 시작한 것이다.

당시에는 〈녹색교통운동〉이 '이 횡단보도는 녹색교통운동의 노력으로 만들어진 것입니다.'라는 내용의 현수막을 걸어 자신들의 노력을 알리려 했지만, 지금 그것이 〈녹색교통운동〉의 노력 덕분이라는 사실을 기억하는 사람은 아무도 없다. 그러나 그 횡단보도 이후 교통 약자들을 불편하게 했던 육교가 사라지기 시작했고, 다른 도시들도 보행권 조례를 만들기 시작했다.

이처럼 우리가 기억하지 못하거나 알지 못하지만, 대중적으로 알려지지 않은 작은 시민단체들이 일구어 낸 변화도 결코 작지 않다. 서울의 시민단체들이 중앙정부를 상대로 영향력을 확장해 가던 시기에 지역에도 시민단체들이 생겨나기 시작한다. 특히 지방자치단체장을 직선으로 뽑기 시작하면서 지역 시민단체들이 급속히 늘어나고 지역사회의 변화를 위한 활동도 본격화된다. 2011년 보궐선거로 당선된 박원순 서울시장이 '마을'을 중요한 변화의 화두로 처음 들고 나온 것으로 알고 있는 이들이 많은데, 사실 마을 만들기 운동은 이미 진행 중인 운동이었다.

또 2000년대 들어 급속히 규모를 확장하는 생활협동조합도 1990년대 초에 시작된 운동이다. 오랫동안 유기농을 실천해 온 생산자들의 모임인 정농회를 제외하면 한살림의 설립과 아이쿱생협의 모태가 되는 지역 생협들의 설립도 이 무렵의 일이다.

시민운동의 급속한 성장은 개인적으로도 체감할 수 있었다. 필자가 1995년 경실련 조직국장을 하던 시절, 지역에서 경실련을 창립하고 싶다는 요청에 대응하느라 일년의 절반은 집에 들어가지 못

1987년 민주화운동 이후에는 여성운동도 시민운동의 대열에 들어서기 시작했다. 그 대표적인 단체의 하나인 한국여성민우회의 창립대회 모습이다.

했을 정도였다. 그 결과 2년 동안 조직국장을 하면서 20개이던 지역 경실련이 40여 개로 늘어나는 것을 지켜보았다. 당시 지역 단체들은 경실련이나 참여연대, 환경운동연합, 녹색연합의 지부 혹은 네트워크로 연결된 조직이었고, 독립적 지위를 가진 지역 단체들의 등장은 2000년대에 가서야 확대되기 시작했다. 가히 시민운동의 시대라 할 만큼 폭발적으로 시민단체들이 증가하던 시기였다.

6

1990년대
시민운동
성장의 비밀

어떻게 시민단체들이 이런 영향력을 갖게 되었을까? 경실련이 무슨 힘으로 한의사회나 약사회를 한자리에 모을 수 있었을까? 이처럼 이해하기 힘든 상황에 대해 시민단체들이 또 하나의 권력이 됐다며, 누가 그런 권한을 시민단체에 위임했느냐고 따져 묻는 사람들이 생겨나기 시작했다. 총선연대 활동을 둘러싼 시민운동 내 논쟁 당시 TV 토론에서 종종 나오던 질문이기도 했다. 주로 정치인들이 시민단체에 누가 그런 권한을 위임했느냐는 질문을 했던 것으로 기억한다.

사회적 과제의 변화에 대한 통찰

정치인들의 지적대로 시민단체에 누구도 그런 권한을 위임한 적은 없다. 시민단체들은 그저 자임했을 뿐이었다. 우리 사회의 중요한 과제가 경제 정의이고 사법 정의이고 복지이며, 또 인권의 신장이고 생태적 가치라고 깨달은 그들이 사회가 변하도록 노력하겠다고 자임한 것이다. 스스로 과제를 설정하고 시민들에게 호소하고 캠페인하는 과정에 사회적 공감대가 커져서 시민단체들의 활동에 지지를 보내는 사람들이 많아졌고, 그러다 보니 여론이 커져 정치권이나 권력기관들이 받아들일 수밖에 없게 된 것이다. 말하자면 무엇보다 시민단체들이 1990년대 우리 사회의 변화를 통찰했기 때문에 가능했던 일이다. 시민단체들이 그렇게 자임한 과제들이 1990년대 우리 사회의 변화와 조응한 시대적 과제였던 셈이다. 1990년대 시민운동 성장의 비밀은 여기에 있다. 당시의 기사가 이런 상황을 잘 설명하고 있다.

실제로 경실련이 표방하는 '중간층의 지지를 받는 개혁적 시민운동'은 주택임대차법 개정과 토지·금융·세제 개혁에 관한 정책 대안의 제시 등 국민의 피부에 닿는 쟁점 부각으로 국민의 신뢰를 얻어 왔다. 각종 선거에서 공명선거 캠페인을 주도한 것이나 이문옥 감사관과 이지문 중위의 양심선언을 이끌어 낸 것 등도 경실련의 위상을 높이는 데 이바지한 것으로 보인다. 또 최근에는 부정부패추방운동본부, 정의로운 사회를 위한 시민운동협의회(정사협), 우리쌀지키기 범국민대책회의 등과의 폭넓은 연대 활동을 주도하고 있다.

— 〈누가 한국을 움직이는가? 경실련, 군보다 세다〉, 시사저널 208호, 1993. 10. 21.

앞서 시민단체들이 1990년대에 이룬 성과로 든 사례들은 모두, 1980년대에는 우리 사회의 주요 의제들이 아니었다. 1980년대 민주주의에 대한 요구나 '생존권 투쟁'이라 불렸던 노동자나 농민, 빈민들의 요구와는 다른 의제들이 1990년대에 나타나게 된다.

우선 1987년 민주화운동 이후 직선제로 대통령을 선출하는 등 선거라는 과정을 통해 권력을 구성하게 되면서 정치적 자유가 점차 확대되는 방향으로 사회가 변화한 것이 큰 이유 중의 하나다. 다른 하나는 개발독재와 함께 성장한 재벌들의 규모가 커지면서 경제 규모가 커졌고, 3저 호황이라는 세계시장의 조건이 수출 경제의 규모를 키우면서 다양한 계층 분화가 생기며 사회가 복잡해졌다는 사실도 우리 사회의 요구를 과거와는 다른 것으로 만들었다. 사회가 복잡해지고 다원화하면서 부동산, 교통, 환경, 생산자와 소비자 간의 분쟁, 장애인 문제 등 상대적으로 사회의 주요 문제라 여겨지지 않았던 일들이 사회 갈등의 중요한 고리로 주목받기 시작했다. 이런 변화들이 우리 사회의 흐름을 바꾸어 놓으면서 우리 사회의 공정성, 투명성, 형평성, 생태적 감수성 등의 가치에 기반을 둔 의제들이 중요하게 떠올랐고, 반독재 민주화 투쟁보다 이런 문제들을 주요 과제로 삼는 다양한 시민단체들이 등장하게 된 것이다.

다른 하나는 운동 방식의 변화를 들 수 있다. 1980년대에는 불법적 정권이 권력을 유지하기 위해 국가 폭력을 동원하고 있었기에 그에 저항하는 사회운동에는 필연적으로 불법적인 방식과 저항적 폭력이 존재하고 있었고 어느 정도 사회적으로 용인되기도 했다.

그 당시 학생운동 조직 구성원들이 수배를 당해서 피해 다닐 때 시민들이 숨겨 주었다는 등의 일화는 부지기수다. 그러나 절차적 민주주의의 도입에 따라 이런 방식이 더는 사회적으로 수용되기 어려워졌는데, 시민운동은 이를 합법적 운동 방식과 정책 대안 운동, 참여연대가 지평을 연 시민 입법 운동이라는 방식으로 사회운동의 지평을 새롭게 넓혀 가게 된 것이다.

전문가나 시민은 이제 시민단체들을 매개로 정치적 탄압에 대한 두려움 없이 자유롭게 자신들의 의견을 모으고 공론을 만들어 갈 수 있었다. 또 경실련이나 참여연대, 환경운동연합의 성장에 힘입어 새로운 사회운동의 방식으로 시민운동을 이해하기 시작한 사람들이 스스로 필요한 시민단체들을 만들면서 시민운동의 영향력은 확장되어 갔다.

우호적 언론과 시민단체의 활동 성과

언론과 정부의 지원도 시민단체의 사회적 영향력 확장에 어느 정도 기여했다. 시민운동의 성장을 긍정적 변화라고 본 언론들의 우호적 태도도 중요한 열쇠 중의 하나였던 것은 틀림없다. 행정부도 시민단체들의 활성화를 돕기 위해 김영삼 정부 시절부터 사업비를 보조했고, 김대중 정부 시절인 2000년 1월에는 '비영리민간단체 지원에 관한 법'을 제정하면서 프로젝트 단위로 시민단체들을 지원할 수 있는 법적 근거를 갖추기 시작했다.

그러나 정부의 지원은 흔히 논란이 되었듯 대단히 제한적이었다. 대부분 정부가 원하는 프로그램의 단발성 프로젝트를 지원하는 형식이었고, 인건비에 대한 지원은 없었다. 더구나 참여연대나 〈함께하는 시민행동〉 같은 단체는 이마저도 전혀 받지 않았다. 시민단체가 정부로부터 독립적 위치에 있어야 한다고 생각했기 때문이다. 정부나 의회를 감시하는 단체라는 정체성을 갖고 있기 때문에 전적으로 회원들의 회비로 살림을 꾸려 가며 신뢰를 유지했고, 어려운 가운데서도 이런 원칙을 견지했기 때문에 영향력을 확대해 나갈 수 있었다. 2001년까지 회원도 급속히 늘어나며 재정 안정을 이뤄 갔다. 재정의 거의 대부분을 정기적 회비와 후원회비로 해결하는 참여연대는 세계적으로도 우수한 재정 구조를 가진 시민단체의 모습이다.

그런데 시민단체들의 영향력이 확장된 가장 큰 이유라면 무엇보

〈표4〉 비영리민간단체 등록 현황

연도	계	중앙행정기관	시·도
2000	2,524	292	2,232
2001	3,451	372	3,079
2002	3,972	428	3,544
2003	4,588	480	4,108
2004	5,232	555	4,677

- 행정자치부 'e-나라지표' 〈비영리민간단체 등록 수 증감추이 현황〉을 근거로 재구성.

다도 시민단체들의 활동 성과이다. 시민단체들의 활동과 문제 제기
가 언론을 통해 확장·증폭되어 의회를 통한 입법적 의제로 발전하
고 시민단체들의 정책 대안들이 제도적으로 정착되면서 그 영향력
은 더욱 커 갔다. 예를 들어, 당시에는 부정부패 사건이 터질 때마
다 시위가 이어지고 집회가 열렸는데 대개는 규탄 시위였고, 그 시

〈표5〉 참여연대 회원증감 추이

연도	회원 수(명)	전년대비증감률(%)
2000	10,879	100
2001	14,596	34
2002	13,165	-10
2003	12,542	-5
2004	13,352	6
2005	9,450	-29

– 하승창, 〈90년대 중앙집중형 시민단체의 성과와 한계에 대한 연구〉, 연세대, 2006.

〈표6〉 시민운동단체 부문별 현황

구분	시민사회일반	지역자치빈민	사회서비스	환경	문화	교육학술	종교	노동	경제	국제	합계
수(개)	1,004	216	1,293	409	438	140	94	295	6	42	3,937
비율(%)	25.5	5.5	32.8	10.4	11.1	3.6	4	7.5	0.2	1.1	100

– 이진원, 〈한국과 일본의 NGO 지원정책 비교연구〉, 경희대, 2004.

위가 커지면 정치적 방식으로 해결하는 일이 반복되곤 했다. 이를 제도적으로 근절하기 위해 경실련은 금융실명제를 제안했고, 참여연대는 부패방지법을 제안했다. 둘 다 입법 과정을 거쳐 제도로 정착되었다. 시민단체가 우리 사회에 필요한 '질서'와 '제도'를 만들어 낸 것이다. 위임받지 않은 세력이지만 우리 사회의 변화를 실제로 이끌어 낸 세력에 대한 신뢰는 커져 갈 수밖에 없었다.

이런 활동이 가능했던 것은 시민단체들이 1990년대 우리 사회의 변화에 대해 통찰하고 그에 따른 운동 방식의 변화를 꾀한 덕이다. 시민운동은 우리 사회의 변화를 읽어 내고 아무도 걷지 않았던 곳에 새 길을 내었고, 그 길을 걷는 사람이 점차 많아지면서 사회적 영향력은 확장되었다.

2002년의 변화

– 참여하는 '개인'들

7

2002년, 시민운동의 변화를 예고하다

사회적 영향력이 계속 확장될 것으로 보이던 시민운동에 변화가 오기 시작한 것은 총선연대 활동을 거치고 난 2002년 무렵이었다. 2001년만 해도 시민단체들의 영향력은 여전해서 그런 변화를 느낄 여지가 별로 없었다. 2001년은 사회 전체가 의약분업 문제로 논란이 분분한 해였는데, 거의 모든 관련 토론 프로그램에 경실련, 참여연대, YMCA의 정책 부문 책임자들이 나와서 우리나라 의료 체계, 의료 수가 문제 등을 놓고 보건복지부 관계자, 의사, 약사 등과 설전을 벌였다. 지금의 의약분업 체계는 당시에 그 골조가 정해진 것인데, 시민단체 관계자들이 관련 위원회에도 참여했다.

백화점식 운동에 대한 문제 제기

의약분업에 대해 의사는 의사대로 약사는 약사대로 나름의 이유를 들며 반대했고, 이익 단체의 이익보다 국민 건강이 우선이라며 정부와 시민단체는 의약계 양측을 강하게 비난했다. 논란의 과정에서 특히 의사회가 시민단체들의 전문성에 대해 문제를 제기하고 나왔다. 얼마 전까지 정치 개혁에 관해 중요한 논객으로 활동하던 시민단체 관계자들이 이제는 의약분업에 대해 잘 아는 것처럼 토론에 나서는 데에 우려를 표한 것이다. 시민단체가 우리 사회 모든 사안에 대해 전문적으로 잘 아는 것은 아니라는 주장이었다. 물론 소비자 입장에서 얼마든지 견해를 말할 수 있어야 하지만 의사회의 이런 문제 제기도 설득력이 없는 것은 아니었다.

'그렇지, 시민단체가 모든 사안을 다 전문적으로 잘 아는 것은 아니지.' 하는 생각이 들 만한 지적이었다. 왜냐하면 시민단체 관계자들 중 관련 전문가가 참여하는 경우도 있었지만 실무 책임자들이 나서는 경우가 적지 않았기 때문이다. 그동안 시민단체의 전문성을 문제 삼는 경우가 별로 없었는데, 이 일을 계기로 시민운동의 전문성에 대해 다시 생각해 보게 되었다고 할 수 있다. 주로 종합적인 과제를 의제로 삼고 있던 시민단체들에는 전문적인 역할로 세분화해 나아가야 한다는 요구가 강해졌다.

백화점식 운동이라며 시민단체들의 전문성에 대해 비판하던 흐름은 의약분업 문제를 계기로 한층 강화되었다. 이익 단체들의 반대에도 불구하고 우여곡절 끝에 정부와 시민단체들이 주장하던 대로 의약분업은 시행되었지만, 시민단체에 대한 전문가 집단의 '회의'도 함께 남게 되었다. 대부분의 사회 집단이 시민단체를 신뢰하던 1990년대와는 다른 분위기가 형성되기 시작한 것이다.

한산한 2002 대선연대와 북적대는 노사모

시민단체에 대한 우리 사회의 달라진 시선을 본격적으로 느끼기 시작한 것은 2002년이다. 2002년은 우리 사회에 여러 가지 큰 사건들이 연이어 벌어진 해이기도 하다. 월드컵 열풍으로 전국의 어느 광장이든 붉은색 옷을 입은 사람들이 모여들어 하나가 되는 색다른 문화 경험을 한 해였다. 그해에 발생한 미군 장갑차에 두 여중생이 사망한 사건을 두고, 인터넷의 각종 카페에서는 끔찍한 사진들과 함께 미군에 대한 비난 및 정부에 대한 비판이 계속되었고, 월드컵이 끝나고 난 뒤에는 촛불 시위가 본격적으로 시작되었으며, 연말 대선까지 굴욕적인 소파(SOFA) 개정을 요구하는 목소리가 이어졌다. 한편 연말이 가까워 오면서는 최초의 정치인 팬클럽이라 불리는 '노무현을 사랑하는 사람들의 모임(노사모)'이 노무현 후보의 대통령 당선을 위해 활동하면서 유권자들은 과거와 다른 경험을 했다.

이처럼 2002년은 전혀 다른 성격의 사회 문제나 정치 사안을 들고 전 국민이 거리에 나와 같은 경험을 공유한 색다른 해였다. 당시 필자는 〈함께하는 시민행동〉의 사무처장을 맡고 있었기 때문에 연말 대통령 선거를 앞두고 정치 자금의 투명화 등의 정치 개혁 과제에 대응하기 위한 시민단체 연대 기구의 공동 사무처장을 맡기도 했다. 불과 2년 전 총선연대 활동을 통해 시민단체들이 정치 개혁을 위한 적지 않은 역할을 했었기에, 대선연대를 시작하기 전 시민단체들은 2년 전 못다 이룬 정치 개혁 과제들을 2002년 대선을 통해 확장하려 했고, 총선연대 때와는 달리 준비도 차근차근 하고 있었다.

총선연대 당시의 활동을 되짚어 가며 전국 YMCA의 건물 7층 강당에 사무실을 마련하고, 각 단체로부터 파견된 상근자들과 함께 처음부터 각 영역을 잘 나누어 준비하기로 했다. 그런데 이상하게 시민들의 요구와 접속이 많지 않았다. 앞서 말한 것처럼 두 여중생 사망 사건 같은 큰 사건이 있었고, '차떼기' 같은 정치 자금 스캔들로 시끄러울 때라 응당 대선연대에 대한 시민들의 기대가 클 것이라고 보았는데, 분위기가 과거와는 딴판이었고 임팩트 있는 활동으로 이어지지도 않았다.

정치 자금의 투명화라는 과제를 주요하게 내걸었던 대선연대는 참여한 회계사들과 함께 각 정당의 회계 장부를 들여다봄으로써 정당에 대한 시민 감시라는 영역을 만들어 낸 것과, 투표율을 높이고 투표하는 유권자들의 편의성을 확장하기 위해 대학 내 투표소를 마련하는 정도의 성과를 제외하면 기대한 만큼의 성과를 거두지 못한 채 활동을 마감해야 했다.

무엇이 잘못되었을까? 어디서부터 잘못된 것일까? 대선이 노무현 후보의 승리로 끝난 후, 그해 연말 기독교방송 피디들과 술 한잔 나누는 자리에 한겨레신문사 안수찬 기자가 합석하게 되었다. 이런저런 이야기가 오가는 가운데, 안 기자가 대뜸 내게 물었다.

"하 선배, 시민단체들은 왜 이번 대선에서 별다른 활동을 보여주지 못한 거죠? 왜 유권자들은 시민단체와 함께하지 않고 노사모에 더 관심을 보인 건지 고민해 봤어요?"

나는 속시원한 답변을 하지 못했다. 안 기자가 그날 던진 질문은 내내 머릿속을 맴돌았다. 그전까지 시민단체 활동과 노사모를 같은 선상에 놓고 고민해 보지 않았던 나는 안 기자의 질문에 비로소 '아, 그러고 보니 노사모에는 왜 사람들이 그렇게 모여들었을까?' 하는 생각을 하게 되었다. 단순히 노무현이라는 정치인에 대한 지지라고 설명하기에는 이례적인 현상이었다. 시간이 좀 지난 후에서야, 2002년 당시 유권자들은 정치 개혁이라는 과제를 시민단체가 아니라 '정치인 노무현'을 통해 이루고자 했다는 생각이 들었다. 그러나 그것만으로 시민단체에 대한 시민들의 관심이 줄어든 것을 설명하기는 무언가 부족해 보였다.

새로운 시민운동의 등장

2002년과 2003년부터 기존의 시민단체와 관계가 있으면서도 시민단체와는 움직이는 방식이 다른 새로운 모습의 운동이 등장하기 시작했다. 이와 함께 기존의 시민단체들과는 구별되는 자발적인 모임들도 나타났다. 아름다운재단과 〈아름다운가게〉 등이 이 무렵 시작되었고, 인터넷의 카페를 매개로 한 동호회 성격의 자발적 모임이나 같은 생각을 공유한 사람들의 커뮤니티 등이 생겨나기 시작했다. 동시에 전국적 의제가 아닌 자기 지역 의제에 관심을 갖는 사람들이 생겨나면서 1990년대에 성장한 지역 시민단체와는 다른, 주민들의 커뮤니티가 기반이 되는 주민운동 조직들이 조금씩 생겨나기 시작했다.

아름다운재단 같은 새로운 운동이 시민운동의 영역을 넓혀 놓기는 했으나, 그것이 곧 1990년대 시민운동의 중심이었던 경실련이나 참여연대 같은 단체들의 방향 전환에 영향을 미치지는 못했다. 경실련은 1990년대에 비해 그 영향력이 확연히 축소되어 가고 있었고, 참여연대도 예전만큼의 활동력을 보여주지 못했다. 환경단체들도 예외는 아니어서, 2003년 새만금 갯벌보존운동의 경우에는 환경단체보다 종교인들의 목소리가 훨씬 중심에 있었다. 지금은 여러 단체나 개인들도 운동의 한 방법으로 사용하는 '삼보일배'는 당시 수경 스님과 문규현 신부가 시작한 것이었다.

이 무렵 환경단체들이 실상사에 모여 환경운동 10년을 평가하는 토론회를 연 적이 있다. 필자는 300여 명이 넘는 전국의 활동가가 모인 그 토론회에서 사회를 맡았는데, 새만금 갯벌을 살리기 위한 종교인들의 삼보일배 운동이 평가의 범주에 속해 있지 않았던 것이 기억난다. 우리나라 환경운동사에서 새만금의 삼보일배는 생태적 가치를 가장 대중적으로 확산시킨 사례였지만, 환경단체 자신들의 활동이 아니었다는 이유로 평가의 범주에 넣지 않은 것이다.

다른 운동이 성장하고 있는데, 시민운동이 자신 내부에 집착해 변화를 읽어 내지 못하고 있었던 셈이다. 인터넷상의 많은 커뮤니티들이나 지역의 주민모임들, 아름다운재단이나 〈아름다운가게〉, 삼보일배 같은 운동이 시민운동의 다른 흐름을 만들고 있는데 정작 변화가 필요한 시민단체들은 그 변화를 눈치채지 못하고 있었다.

2003년 새만금 방조제 공사 중단을 위해 새만금에서 서울 광화문까지 진행된 삼보일배 행렬이다. 이후 삼보일배는 시민운동의 중요한 수단이 되었다.

최초의 촛불 시위는 어떻게 조직되었나?

효순과 미선 두 여중생의 사망 사건은 2002년 6월 경기도 양주의 지방 도로에서 친구 집에 놀러가다 훈련 중이던 미군 장갑차에 치여 압사한 사건이다. 그러나 당시 흔히 소파(SOFA)라 불리는 '한미주둔군지위협정'에 근거해 한국 수사기관은 사고를 낸 미군을 제대로 수사할 수 없다는 사실에 많은 국민들이 분노하며 거리로 나오게 된다. 그해 연말 대선을 앞두고는 전국 각지에서 수십만 명의 사람들이 촛불을 들고 동시다발적으로 '한미주둔군지위협정' 개정 요구 시위를 벌이게 된다. 그러나 처음부터 많은 국민이 거리로 나온 것은 아니다. 한일 월드컵 열기에 묻혀 두 여중생의 사망 사건도 잊히는 듯 보였지만 인터넷의 카페와 게시판 등에서 두 여중생의 사망 당시 모습이 알려지면서 수사에 소극적인 것으로 보이는 정부 당국과 사과조차 제대로 없는 미군의 태도 등을 규탄하는 목소리가 높아 가기 시작했다. 정부는 한 달여가 지나서 미군에 수사권 포기 요청을 하는 등 대응에 나섰지만 미군 측의 거부로 이루어지지 못했다. 그러나 비록 언론의 관심을 거의 받지 못했지만 경기도 미군부대 앞에서는 매주 미군의 사과와 책임자 처벌을 요구하는 시민단체들의 시위가 꾸준히 계속되고 있었다.

2002년 11월에 들어서 '앙마'라는 아이디를 가진 네티즌이 인터넷의 한 게시판에 자신은 두 여중생의 사망을 보고 시민단체들처럼 미군부대 앞에 가서 시위를 할 용기도 없고, 또 설사 시위를 한다 하더라도 만에 하나 직장에 알려지면 다닐 수도 없을

2부 2002년의
변화

것이며, 평일 경기도에서 열리는 시위에 참여하는 것도 어렵다며, 자신 같은 경우에 두 여중생을 위해 할 수 있는 일이 추모밖에는 없을 것 같다며, 그 추모의 방식으로 주말 오후에 광화문에서 혼자라도 촛불을 들겠다는 글을 올린다. 실제로 그는 촛불을 들고 나갔고, 함께 모인 소수의 사람들이 참여 후기를 게시판에 올리면서 주말마다 촛불 시위 참여자가 늘어나기 시작했다. 인터넷 카페와 게시판, 메신저를 통해 추모 집회에 참여하는 사람들의 후기가 전달되면서 참여자가 매주 늘어 갔다. 한 달여가 지난 후 시민단체들까지 광화문으로 집결하면서 전국적인 시위가 되었고 참여자는 더욱 폭발적으로 늘었다. 결국 소파 개정은 각 대선 후보들의 주요 공약이 되었고, 대선 직전 당시 한나라당 이회창 후보가 이 촛불 집회에 참석해 소파 개정을 위해 노력할 것을 약속하기에 이른다.

이 사건은 소파 개정이라는 문제가 본격적으로 정치적 의제가 되었다는 것뿐 아니라, 오프라인 활동을 중심으로 하는 시민단체들이 아닌 개인이 인터넷 게시판에 올린 제안과 그 제안에 호응한 여러 인터넷 커뮤니티에 연결된 자발적 참여자들의 확대가 전국적 시위로 발전한 첫 번째 사례였다는 점도 기억해 둘 만하다.

8

뒤늦게 깨달은
2002년의 충격

2004년 3월 12일, 노무현 대통령에 대한 탄핵 투표가 국회에서 있던 날, 필자는 어느 토론회에 패널로 앉아 있었다. 전화기를 꺼 두고 있어서 소식을 모른 채 토론회를 마쳤는데, 다시 전화기를 켜기도 전에 함께했던 패널이 소식을 전해 주었다. 그 패널은 조선일보 측 인사였는데, 뭐랄까, 당연하다는 표정이랄까, 으쓱하는 기분이 담긴 것이었다고 할까? 하여간 좀 묘한 표정으로, "궁금해 하실 소식을 전해드리죠." 하더니 탄핵안이 찬성 193표로 3분의 2가 넘어 가결되었다고 했다. '설마 그렇게까지…'라고 생각하고 있던 차라 놀라지 않을 수 없었다. 대통령이 무슨 중범죄를 저지른 것도 아니고, 실제 무슨 기획을 하고 실행을 한 것도 아닌데, 자기 생각을 표현한 말 한마디를 가지고 대통령을 그만두게 하겠다는 것이니 도대체 국회의원들이 제정신인가 싶었다. 때마침 전화기에 들어온 음성 메시지와 문자 메시지 들은 오후에 기자회견이 있다며 여의도로 와 달라는 내용이었다.

2004년 탄핵 반대와 시민운동

2012년 18대 대선에서 논란이 되었던 국정원과 군 사이버 사령부의 선거 개입에 비하면, 2004년 총선 당시 노무현 대통령의 발언으로 대통령 탄핵까지 간 것은 지나치게 과도한 정치권의 대응이었다. 2004년 총선을 앞두고 "국민들이 총선에서 열린우리당을 압도적으로 지지해 주실 것을 기대한다."라는 노 대통령의 말은 그저 자신의 기대를 표현한 것에 불과했다. 그러나 한나라당은 대통령이 공무원의 정치 중립 의무를 위반하면서 노골적으로 선거 개입을 한 것이라며 거세게 반발했다. 이후 이명박 대통령이나 박근혜 대통령의 선거 관련 발언이나 행동에 비추어 보면 노무현 대통령에 대한 탄핵소추가 얼마나 편향적인 행동인지는 쉽게 알 수 있다. 노 대통령에 대한 정치권의 과도한 공세는 즉각 국민적 반발을 불러왔고, 이는 민주주의에 대한 중대한 도전으로 받아들여졌다. 2002년 시작된 전국적인 촛불 시위의 경험이 있어서인지 즉각적으로 전국적인 탄핵 반대 시위가 벌어졌다.

당일 여의도에 모여든 시민·사회단체들은 기자 회견을 마치고 곧바로 회의에 들어갔고, 다음 날 당장 광화문에서 시위를 시작하기로 하고 '탄핵 반대, 민주 수호'라는 슬로건에도 합의했다. 참여연대, 여성단체연합, 민주노총 등 대부분의 시민·사회단체들이 모여들었고, 노사모는 노사모대로 당일 여의도에서 집회를 시작했다. 밤사이 신속하게 움직여 바로 다음 날 광화문에서 탄핵 반대를 위한 첫 번째 시민 집회를 만들어 낸 것이다. 이후 5월 14일 헌법재판소가 노무현 대통령에 대한 탄핵소추안을 기각할 때까지 집회는 연일 이어졌다.

탄핵안이 가결된 당일부터 문자로, 블로그로 관련 소식들이 퍼져나가 순식간에 사람들은 여의도로 몰려들었고, 특별한 홍보를 하지 못했음에도 불구하고 이튿날 광화문 집회에는 수만 명의 시민들이 몰려들었다. 모두 다 문자 메시지와 인터넷을 통해 소식을 확인하고 온 사람들이었다. 집회 무대와 집회 프로그램, 출연자 등은 시민·사회단체들이 만들었지만 단시간 내 집회를 가능하게 한 것은 새로운 소통 방식에 익숙해지기 시작한 시민들이었다. 시민단체가 자신들의 연락망을 최대치로 가동한다 한들 수만 명의 시민들을 하루만에 모아 내는 것은 쉽게 상상할 수 있는 일이 아니다.

첫날엔 집회를 위해 참여한 단체들이 각기 분담금을 내기도 했지만, 이후 집회는 참여한 시민들의 모금으로 이루어졌다. 필자도 주최 측 인원의 한 사람으로 모금함을 들고 집회 현장을 다니기도 했는데, 믿기 어려운 일들이 실제로 일어났다. 10만, 20만 명이 모여드는 집회 현장을 구성하려면 그만한 비용이 들기 마련이다. 멀리 떨어져 앉은 집회 참가자들에게 무대의 모습과 소리를 들려주기 위해 설치해야 하는 음향 시설 비용만 해도 만만치 않다. 그러나 필요한 비용이 거짓말처럼 현장에서 다 만들어졌다. 실무자들은 집회가 끝나면 밤새 들어온 현금을 정리하느라 바빴다.

2000년대 초반 들어 다소 위축되어 있던 시민단체들은 아연 활기를 되찾았다. 사실 정치 개혁과 같은 근대적 의제들에서는 노 대통령과 입장이 같았지만, 환경 문제 같은 탈근대적 문제에서는 견해 차이가 확연했기 때문에, 그간 참여정부와 시민단체 사이가 그리 우호적이었다 할 수는 없었다. 탄핵안 반대라는 대중적 흐름에 함께한 것과 별개로 노무현 정부와는 이견이 많았다. 다시 말해, 시민단체들은 정치권의 과도한 대응이 자칫 민주주의의 기본을 흔들 수도 있다고 보고 탄핵 반대 대열에 합류한다.

탄핵 반대 집회와 시민운동

헌법재판소의 판결이 나기까지 집회는 계속되었고, 결국 헌법재판소가 초유의 대통령 탄핵안을 기각하면서 노무현 대통령은 업무에 복귀했다. 시민단체들도 민주주의를 위협하던 세력에 대한 정치적 승리를 거두고 비로소 각자의 의제들에 관한 활동으로 복귀했다.

거리를 덮었던 수십만 명의 인파가 각자의 위치로 돌아갔지만 탄핵 반대 운동의 모습에는 시민운동을 하는 사람이 눈여겨보아야 할 여러 가지 현상들이 숨어 있었다. 마침 총선연대 이후 시민운동이 위축되고 있는 것 아니냐는 비판과 걱정이 있던 시기였고, 수십만 명의 시민들과 함께한 경험은 전에 없던 일이었기 때문이다.

그러나 당시 광화문에 모인 20만 명에 가까운 시민들은 '탄핵무효 범국민행동'으로 모여든 시민단체들만의 힘으로 조직된 것은 아니었다. 오히려 실제 조직 과정에서 큰 역할을 한 것은 인터넷의 수많은 카페와 블로그, 게시판, 휴대전화의 문자 메시지들이었다.

의사소통 수단이 대중화되고, 정보의 유통이 실시간에 가깝게 이루어지면서 개인들이 내리는 결정도 그만큼 신속하게 이루어질 수 있었다. 어쩌면 시민단체들은 앞장서서 이들을 조직했다기보다 먼저 거리에 나선 이들과 발걸음을 맞춘 덕분에 시민운동 역사상 대중들의 참여가 가장 확장된 운동과 만날 수 있었는지도 모른다.

물론 이런 징후는 이미 2002년에도 있었다. 미선·효순 양 추모와 주한미군의 범죄에 대한 대응을 촉구하던 촛불 시위 역시 수많은 인터넷 카페와 게시판이라는 네트워크가 있었기에 가능했다. 이들은 기존 시민단체처럼 많은 상근자가 있는 것도 아니고 전문가들과 결합해 있는 것도 아니었다.

이들이 움직이는 방식은 카페와 게시판에 모여든 자발적 행위자들이 의견을 내고 행동을 조직하면서 시작되었다. 경우에 따라 지속적으로 움직이기도 하고 단속적으로 움직이기도 한다. 그들이 모은 의견이 반드시 옳은 것도 아니며, 무조건적 지지자 그룹으로 존재하는 등 부정적 측면도 있다. 그럼에도 불구하고 무엇보다 자발성에 기초한 움직임이라는 점에서 과거 '동원'되던 시민에서, '참여'하는 시민이라는 새로운 문화를 만들어 냈다.

이들이 의제를 만들고 확산하며 항의를 조직하고 대중을 동원하는 과정은 기존의 시민단체들과는 사뭇 다른 양상이다. 평상시에는 다양한 서클적 운동을 펼치기도 하고, 블로그나 게시판을 통해 개

2004년 노무현 대통령의 탄핵 무효를 주장하는 시민들. 시민사회단체들이 집회를 기획하고 운영하기는 했지만 시민들은 동원된 것이 아니라 자발적으로 거리로 나왔다.

인의 운동이라는 새로운 형태의 운동을 펼쳐 가고 있었다. 그들이 내거는 의제나 운동 방식은 이미 기존의 시민단체와 별개로 제각기 나아가고 있었다. 기존 시민단체가 1990년대식 운동을 고집한다면, 더는 미래가 없을 수도 있다고 말해 주는 것 같았다.[7]

그러므로 2004년 탄핵 반대 집회의 현장에서 확인한 이 새로운 변화는 1990년대에 생성하고 성장했던 시민운동에 또 하나의 중요한 변곡점이었던 셈이다. 탄핵 반대 집회에서 벌어진 시민단체와 시민들의 결합은 사실은 일종의 착시로 작용할 가능성이 컸지만, 아직은 시민들이 시민단체들에 대한 신뢰를 유지하고 있음을 보여 주기도 한 것이었다. 그러므로 시민운동에선 이 시기가 자기 성찰과 변화를 꾀할 적절한 시기였을 것이다.

물론 앞에서도 말한 것처럼 이런 변화에 대응하는 움직임이 없었던 것은 아니다. 그러나 그런 움직임은 아직 막 태동하기 시작한 작은 흐름이었다. 예컨대 〈녹색교통운동〉이 만든 '보행권조례제정 네트워크'나 〈함께하는 시민행동〉이 주축이 되어 구성한 '예산감시 네트워크' 등 기존 시민단체들의 연대 활동을 발전시켜 보려 한 시도 등이 있었다. 이는 '이름 보태기' 연대나 주축 단체의 활동의 외연을 넓혀 주기 위한 '후원성' 연대 활동 혹은 몇몇 큰 단체 중심으로만 진행되는 연대 활동 등의 문제점을 극복해 보려는 시도였다. 실제 활동을 함께할 단체들의 참여를 중요하게 여기고 참여 단체

---

7 당시의 좀 더 자세한 이야기는 하승창, 〈변화의 여울 앞에 선 시민운동〉, 오마이뉴스, 2004. 7. 참조.

들의 공동 의사 결정을 더 중요하게 생각하는 것이었다. 또 '예산감시네트워크'나 〈함께하는 시민행동〉이 예산 낭비 사례를 선정하여 불명예 상을 수여한 '밑 빠진 독 상' 같은 프로그램처럼 관성적으로 기자회견이나 성명서, 집회 방식으로만 진행되던 시민단체의 활동을 극복해 보려는 기획도 있었다.

그러나 2002년 촛불 시위와 2004년 탄핵 반대 시위에서 시민들이 보여준 행동 양식과 소통 방식의 변화는 사실 기존의 행태를 극복하는 정도로 따라잡기에는 어려울 만큼 컸다고 보아야 한다. 시민들의 행동 양식 변화는 사회운동의 지형이 한 번 더 큰 변화를 겪게 될 것이라는 점을 예고하고 있었다.

9

변하지 않은
1990년대의
시민운동

2004년이 지나면서 1990년대에 성장한 시민운동을, '개인'이나 '네트워크', '지역'이라는 키워드를 중심으로 다시 들여다보게 되었다. 그러자 이전까지 중요한 역할을 해 온 시민단체들에서 이런 키워드들이 그리 잘 작동하고 있지 않다는 사실을 발견했다. 여전히 집단이 중요하고 단체의 독자적인 활동이 부각되는 것을 더 중요하게 여기며, 지역 활동도 소위 중앙이라고 불리는 서울 주요 단체들 활동의 복사판에 가깝다는 사실을 새삼스럽게도 '발견'했던 것이다.

'등'이라는 이름의 시민단체

시민단체들이 힘을 합쳐 공동의 목표를 해결하기 위해 연대체를 구성하는 일은 흔한 경우이다. 대표적인 것이 총선연대이고 상시적인 연대를 위해 '시민사회단체연대회의' 같은 기구도 만들어져 있다. 공동의 목표를 위해 힘을 합쳐 일하는 것은 좋은 일이고, 또 실제로 성과를 내기도 한다. 그러나 연대 기구에 속한 개별 단체들의 활동이 묻혀 버리는 단점도 있다. 2000년대 초반에 필자는 '등'이라는 이름의 단체를 소개한 적이 있다. 물론 실제로 존재하는 단체명이 아니고, 수많은 개별 단체의 활동이 드러나지 않는 현실을 나타내고자 이렇게 표현했을 뿐이다.

잘 알려지고 규모가 큰 시민단체들이 다루지 않는 의제들을 목표로 하는 작은 단체들이 다른 단체와 힘을 모아 문제를 해결하기 위해 종종 연대체 구성을 제안하는 일이 있다. 그렇게 구성된 연대 기구를 대표하는 것은 실제 일을 기획한 단체가 되어야 마땅하겠지만 대개는 연대체에 참여한 '주요' 단체인 경우가 많다. '경실련, 참여연대 등'으로 보도되면서 일을 처음 기획하고 추진한 단체는 알려지지 않는 경우가 태반이다. 실제로 2001년에 〈환경정의〉라는 단체가 용인의 '대지산 살리기' 운동을 하면서 나무 위에 올라가 저항하는 등 사회적 이목을 끌며 성과를 냈던 일이 있다. 아파트 건설로 사라져 가는 도시 야산의 생태적 중요성에 대한 경각심을 일깨운 이 운동은 주요 방송사의 9시대 뉴스나 각종 시사 프로그램에 자세히 소개되었고, 공감하는 여론이 높아지면서 대지산을 살려 내는 성과를 거두었다. 그러나 그해 말 《시민의신문》 조사에 따르면 '대지산 살리기' 운동을 한 단체가 어디냐는 질문에 환경운동연합이라고 답한 사람이 가장 많았고, 녹색연합이라고 답한 사람이 그다음이었다. 그런데 사실, 두 단체는 이 운동에 참여하지 않았다.

이처럼 작은 단체들의 개별적 성과도 결코 작은 것이 아니기에 그 활동이 잘 부각되어야 마땅하지만, 언제나 '등'이라는 이름 뒤에 한 무더기로 묻혀 가려지기 십상이었다. 물론 큰 단체들이 의도적으로 잘못해서가 아니라, 언론을 매개로 형성된 우리 사회의 인식에 따른 문제이기도 하다. 사람들은 대개 시민운동은 잘 알려진 단체들이 진행하고 있다고 생각하기 때문이다.

'개인'이 보이지 않는 단체

어쩌면 단체의 중요성이 개인의 주체성이나 개성을 잘 살려 내지 못하는 일은 집단의 중요성을 강조하는 곳이라면 크든 작든 있게 마련이다. 하지만 지금처럼 개개인이 얼마든지 빠르고 유연하게 움직일 수 있는 조건에서라면, 느리고 경직된 활동 방식에서 구성원들이 느끼는 답답함은 더욱 클 것이다.

알게 모르게 조직을 앞세우다 보면 구성원 개인의 활동은 '집단'이라는 이름에 묻히기 쉽고, 내부의 민주주의가 유보되며 권위주의 문화가 개인의 창의적 활동과 부딪히게 마련이다. 2014년 시민단체에서 활동하는 개별 활동가들이 모여 '시민운동 플랜B'라는 온라인 미디어를 운영하고 있는데, 여기에 올라오는 활동가들의 고뇌 중에는 여전히 변화하지 않는 시민단체 내부의 문화가 새로운 청

년 세대의 결합을 어렵게 만들고 있다는 지적도 있다.[8]

젊은 세대들은 기존의 위계적인 문화에 익숙하지 않고, 개인의 활동이 자기 실현과 연결되지 않으면 오랜 시간을 조직에서 보내려 하지 않는다. 사실 시민단체에서 일하려는 젊은 활동가들이 줄고 있다는 하소연은 그리 새삼스러울 것도 없다.

시민단체들 간에는 네트워크 또는 연대 활동을 벌일 때 개별 단체들이 '등'으로 뭉뚱그려 표현되며 각 단체의 창의성이나 주도성이 제대로 드러나지 않고, 단체 내부에서는 '조직'이라는 이름으로 활동가 개인의 전망과 비전을 압도하고 있는 셈이다.

'중앙'을 복사하는 지역

지역으로 가도 비슷한 현상을 볼 수 있었다. 2006년 석사 논문을 쓰느라 조사를 하던 중에 발견한 사실 중의 하나가 서울의 주요 단체들이 벌이고 있는 활동이나 사업이 지역 단체에서도 그대로 진행되고 있다는 점이었다. 서울의 단체들은 대부분 중앙정부를 상대로 하는 활동이 많고 전국적 의제를 만들어 내기 위해 캠페인이나 사업을 진행한다. 그런데 지역의 단체들이 서울 단체의 이름 뒤에 지역 본부를 덧붙여서 동일한 내용의 사업을 진행하는 경우가

---

8 하승우, 〈활동가는 보이지 않고 실무자로 버티는 운동?〉, http://nowplanb.kr/181.

<표7> 참여연대 중앙과 지역 조직 구성 비교

참여연대 사업 분야	대구 참여연대	부산 참여자치시민연대
경제개혁센터 사법감시센터 의정감시센터 조세개혁센터 평화군축센터 맑은사회만들기본부 작은권리찾기운동본부 사회복지위원회 국제연대위원회 참여사회연구소 공익법센터	시정개혁센터 사회복지위원회 작은권리찾기운동본부 주민자치운동센터	시정·의정감시센터 정치·행정위원회 사회복지보건위원회 녹색교통위원회 문화환경위원회 도시환경위원회 작은권리찾기운동본부 아파트공동체운동본부

– 하승창, 〈90년대 중앙집중형 시민운동의 한계와 변화에 대한 연구〉, 연세대, 2006.

많았다. 물론 어떤 경우엔 필요할 수도 있는 일이지만, 지역 주민들 입장에서는 중앙 단체의 활동을 대신해 준다는 인상 외에 차이점을 발견하기 어려울 것으로 보였다. 〈표7〉의 참여연대의 경우를 봐도 중앙 조직의 사업과 지역 조직의 사업이 일부를 제외하고는 크게 차이가 없음을 알 수 있다.[9]

소위 중앙의 몇몇 주요 단체가 중심이 된 소수의 운동이라는 느낌을 지울 수 없다. 전체를 대표하는 몇몇 개인과 단체 이름 뒤에 수많은 개별 단체와 개인이 '등'이라는 이름으로 뭉뚱그려져 있는 셈이다. 이 대오가 유지되기 위해서는 조직에 대한 헌신과 열정이라는 이름으로 규율이 강조되고, 이 규율은 조직 내부의 권위주의

---

9 그러나 2000년대 중반부터 점차 지역 조직들은 지역의 독자적 사업 영역을 발전시켜 가기 시작한다.

적 문화를 생성하게 마련이다.

2002년 이후 열린 소통 방식에 익숙해지면서 개인과 개인의 네트워크를 통해 일하기 시작한 사람들에게 이런 모습의 시민단체들이 매력적으로 보일 리 없다. 그러다 보니 불과 몇 년 전까지 시민단체들을 매개로 의사와 행동을 표출했던 시민들이 점차 시민단체와 멀어지고 있는데도, 시민단체들은 이런 변화에 심각하게 조응하지 못했다.

2004년 즈음 환경재단 최열 대표의 초대로 당시 시민단체들의 주요 리더라고 할 수 있는 선배 그룹들이 후배들과 함께 시민운동의 미래를 놓고 이야기해 보자고 하여 원주 어딘가로 워크숍을 간 적이 있다. 이 워크숍에서 시민운동 의제와 관련해서는 1990년대의 시민운동이 우리 사회의 투명성과 형평성·공정성이라는 가치에 주목하고 근대적 합리성이라는 사회적 규칙을 만드는 일에 기여해 왔다면, 2000년대에는 세계화와 정보화로 인한 새로운 사회 변화에 조응하는 의제들로 생태나 인권, 성, 빈곤, 노동, 평화 등 더욱 가치지향적인 의제들이 운동의 과제가 될 것이라는 공감대를 나눴다. 그런데 운동 방식의 변화에 관해서는 이견이 많았다. 1980년대 대중운동이 노동조합과 농민단체 들을 매개로 집단의 위력과 군중 동원이라는 전술을 택해 왔고, 1990년대 시민운동은 수십 개, 수백 개씩의 단체 연명으로 단체를 동원하는 전술로 대중운동을 전개해 왔는데, 이 두 양식이 1990년대에 공존해 왔다면 이제 이 같은 동원 전략은 변화할 수밖에 없다는 주장이 있었다. 따라서 앞으로는 구체적 의제에 동의하는 개인과 서클의 자발적 참여라는 네트워크적 방식으로의 전환에 대해 고민해야 한다는 것이었다. 돌아보면 이후 운동 방식은 실제 이렇게 변화했으며, 이런 변화는 운동가 개인의 존재 방식도 다양한 모습으로 바꾸어 놓았다.

그러나 운동 방식의 급격한 변화보다 단체의 활동 의제 강화, 운동가 교육, 연대 활동의 민주성 확대 같은 방향이 더 중요하다는 주장에 훨씬 많은 공감대가 모아졌다. 이견은 좁혀지지 않았고, 유력하게 성장한 단체들은 그들대로, 이제 새롭게 성장하는 운동은 그 운동대로 서로 다른 몫을 감당하는 방향으로 나아가리라는 생각을 하게 되었다.

10

시민운동의
새로운 흐름1
─지역 운동의 성장

〈그림1〉의 그래프로 잠시 돌아가 보면, 2002년에서 2003년 사이에 또 한 번의 변화를 확인할 수 있다. 언론에 노출되는 빈도가 계속 하락하던 '시민운동', '시민단체'라는 단어가 다시 빈번하게 등장하기 시작한다. 그 무렵에는 이미 언론이 경실련이나 참여연대, 환경운동연합, 녹색연합 등 주요 시민단체의 활동을 보도할 때 굳이 시민단체라는 설명을 덧붙이지 않았다. 설명을 생략해도 될 만큼 사람들이 잘 알고 있다고 보았기 때문이다.

1994년 경실련 창립 5주년 기념으로 서울 시민에게 경실련에 대한 인지도 조사를 한 적이 있었는데, 응답자의 10% 정도가 경실련을 안다고 답했던 것으로 기억한다. 또 2000년 이후에는 참여연대에서도 시민단체들에 대한 인지도 조사를 했는데, 경실련과 참여연대는 20%에 가깝고, 녹색연합의 인지도도 10%가 넘었던 것으로 기억한다. 그만큼 주요 단체들은 이름만으로도 시민단체라는 사실을 시민들이 인지하고 있다고 할 수 있었다. 그러므로 다시 '시민단체'나 '시민운동'이라는 단어를 언론에서 많이 쓰기 시작했다는 것

은 시민단체라는 설명을 해 주어야 하는 새로운 단체들의 활동이
늘어났다는 것을 의미한다.

보수적 시민단체의 등장

이무렵 언론이 새로 주요하게 거론하기 시작한 시민단체들 중 하
나가 뉴라이트 계열의 보수적 시민단체들이었다. 지금은 특별한 활
동을 보이지 않고 있는 신지호 전 한나라당 의원이 관여했던 〈자유
주의연대〉나 김진홍 목사 등이 만든 〈뉴라이트연합〉 등이 당시 활
동하던 대표적 보수 단체들이다. 정치적 목표가 강했던 이 단체들
은 이명박 정부의 출범과 함께 목표를 이뤘는지 점차 사라졌고 지
금은 〈어버이연합〉이나 '애국'이라는 단어가 들어간 단체 등이 그
자리를 대신하고 있다. 이 단체들은 여전히 정치적 지향과 목표가
뚜렷한 편인데, 특히 〈어버이연합〉은 폭력적 활동으로 극우 성향의
정치 이념을 지향하는 정치 세력의 범외곽 단체에 가까운 모습이다.
　보수적 시민단체들의 활동이 이 무렵부터 활발해지기 시작해
2013년에는 일본 제국주의의 침략과 수탈을 긍정적으로 해석하거
나 독재 정권에 대한 국민의 저항을 다르게 보는 교학사의 역사 교
과서가 검정을 통과하는 상황에까지 이르렀다. 이명박 정부에서 국
정원 같은 정부 조직과도 관련을 맺고 있는 것은 아닌지 의심되는
정황이 포착되곤 했던 이 단체들은 박근혜 정부에 와서도 그 활동

을 이어가고 있다.

보수적 시민단체들의 등장도 등장이지만 시민사회 내부의 운동도 새로운 성격의 조직들이 만들어지면서 성장하고 있었다. 2000년대 초반부터 성장하기 시작한 사회운동은 세 가지 측면에서 살펴볼 수 있다. 첫 번째는 주민운동이 본격적으로 모습을 드러내기 시작했다는 점이다. 지방자치제도가 점차 자리를 잡아가면서, 지역주민들은 유명 단체에 기대지 않고도 살고 있는 지역에 기반을 둔 조직을 만들어 내기 시작했다. 또한, 2002년 촛불 시위와 2004년 탄핵 반대 시위 때부터 인터넷 동호회와 카페 모임의 사회적 발언과 활동이 많아지기 시작했다는 점에도 주목해야 한다. 2000년 이후 급격히 확산된 인터넷을 매개로 해서 모임들이 형성된 것이다. 그뿐만 아니라 이 시기부터 1990년대의 시민운동이 추구했던 것과는 다른 가치를 더 중시하는 시민운동이 성장하기 시작했다. 1990년대에 성장한 시민운동의 흐름이 조금씩 위축되는 가운데 새로운 운동의 씨앗들이 자라나기 시작한 것이다.

지역 운동의 변화

지역에서의 운동이 변화하고 있다는 것은 경험적으로도 확인할 수 있었다. 필자는 시민운동에 대한 강의를 꽤 하고 다닌 편인데 2004년 전에는 대부분 이미 알고 있는 단체들의 내부 교육이나 시민 강좌 프로그램 등에서의 요청이었지만 2004년 무렵부터는 전혀 들어본 적 없는 지역의 단체들로부터 연락이 오기 시작했다. 이제 막 단체를 만들기 시작한 준비 모임도 있었고, 만들어진 지 얼마 되지 않아 단체의 활동 방향을 놓고 논의 중인 곳도 있었다. 10여 명에서 많게는 50여 명 정도가 모여 있었다. 이런 지역 모임은 서울의 주요 단체들의 지부로 시작하는 것이 아니라 살고 있는 '동네'의 모임으로 출발하고 있었다. 이미 있던 지역 조직들이 좀 더 주민 친화적으로 활동을 바꾸어 가는 경우도 있었지만 동네에서 무엇이라도 해 보자는 자발적인 주민 모임들이 늘어나고 있는 것으로 보였다.

따라서 이런 모임들은 이전 시민단체의 구성 경로나 구성원들과는 확연한 차이를 보였다. 지금도 필자는 간혹 변호사로 불린다. 변호사가 아니라고 하면 교수냐고 물어본다. 1990년대에 시민단체를 이끌었던 대표자들 중에 변호사, 교수, 목사 등 전문직에 종사하면서 활동하는 사람들이 많았기 때문이다. 단체의 대표나 사무총장은 대부분이 교수나 변호사였다.

그러나 2000년대에 생긴 모임들에는 교수나 변호사 같은 이른바 명망가가 없었다. 미술학원 원장, 신문보급소 소장, 작은 출판사 사장, 교사, 대학생이나 대학원생, 직장인, 주부 들로 이루어진 모임의 대표 역시 이들 중에서 맡았다. 이 지역에 시민단체가 없는가 하면 그런 것도 아니었다. 지역 경실련, 지역 YMCA 등 서울 주요 단체들의 지부나 회원 모임이 존재하고 있는 경우가 많았다. 그런데 이런 주요 단체에서는 구성원들이 참여할 수 있는 방식이 대개 회비를 내거나 1년에 몇 차례 행사에 참여하는 것이 다였다. 구성원들은 왠지 문턱을 넘기가 쉽지 않다고 했다. 시민단체라고 하면 좀 어려워 보이고, 참여하려면 더 똑똑해야 할 것 같은 느낌이 든다고 했다. 반면, 새로운 모임에서는 달랐다. 당시 이런 모임들은 공간을 따로 갖고 있지 못하니까 구성원 중 누군가의 집에서 모임을 하는 경우가 많았다. 각자 먹을거리를 가지고 와서 방에 둘러앉아 사는 이야기, 마을 이야기를 하면서 자신들이 해야 할 일, 하고 싶은 일을 기획하기 시작했다.

지역 조직의 증가와 마을공동체 운동

1990년대부터 이런 형태로 '마을'을 만들어 가고 있던 대표적 사례가 마포의 성미산마을이다. 서울시만 해도 이런 모임들이 계속 늘어나 지금은 여러 동네에 공동체를 복원하려는 '마을살이' 사람들의 네트워크인 '마을넷'이 만들어질 정도이다.

성미산마을 주민들이 배수지 문제로 이명박 서울시장과 싸웠을 때 〈함께하는 시민행동〉에 참여했던 적이 있는데, 그때가 생각나 2005년에 성미산을 다시 찾았다. 주민 운동, 지역 운동의 중심이 될 것이라고 생각했던 마을의 공동체 운동이 어디까지 성장해 있을지 궁금했기 때문이다.

공동 육아 운동으로 시작된 마을의 '관계'가 생활협동조합(생협)

과 반찬가게 〈동네부엌〉, 대안학교인 〈성미산학교〉, 〈작은나무〉라는 마을카페, 지금은 문을 닫은 카센터에다 당시에 막 문을 연 마을방송국 〈마포FM〉으로 발전하기까지 마을 사람들이 이루어 낸 성취가 놀라웠다. 몇 년 뒤 '나루'라는 공간이 생기면서 필자가 일하던 곳도 여기에 자리를 잡았고, 마을극장까지 생겨났으니 그들이 연결해 낸 마을의 관계망은 서울의 여느 마을보다 넓고 깊어졌다.

이 무렵부터 지역이 중앙의 명목을 벗어던지고 자신의 이름으로 말하기 시작한다. 1990년대 중반 이후 1차로 폭발했던 지역 조직들이 중앙 단체의 지부 형식으로 자신을 드러냈다면, 그 후의 변화는 불모지를 개척하고 열어 놓은 공간에 주민 스스로 들어서기 시작한 것이다. 그것도 구체적인 자신들의 이야기를 가지고 말이다.

2006년 《시민의신문》이 발행한 〈시민단체총람〉에 따르면 지역 단체들이 늘어나고 있음을 통계적으로도 확인할 수 있다. 2005년 당시 조사된 사회단체 23,517개 중에서 시민단체가 5,556개인데, 이들 중 2000년 이후에 생긴 단체가 전체의 40.35%이고, 환경단체의 경우 광역시와 경기도를 제외한 지역에 55%가 소재한 것으로 나타났다. 지역 조직들이 대개 생태적 패러다임에 기초한 환경단체로 만들어졌음을 알 수 있다. 2000년 조사에 비해 같은 곳에서 시행한 2005년 조사에서는 수도권 집중률이 높아졌다. 서울 등 수도권 지역의 '마을'에 여러 모임들이 생겨난 것을 감안하면 중앙집중형 조직보다 지역 조직이 많아진 것으로 볼 수 있다.

물론 1990년대에도 마을 만들기 운동은 있었다. 대구 YMCA의

'마을'과 '지역'에 대한 관심이 높아지면서 풀뿌리 운동에 대한 관심도 높아졌다. 워크숍을 열고 있는 '풀 뿌리자치연구소 이음'은 풀뿌리자치운동을 하는 사람들을 돕고 사례를 연구하며 사람들을 연결해 주기 도 하는 곳이다.

'담장허물기운동'은 많은 지역에서 우수 사례로 주목받았다. 지역의 시민단체들은 일본의 마을 만들기 운동을 벤치마킹해서 자기 지역에 실현하려는 시도들을 했고, 좋은 결과도 만들어 냈다.

그러나 1990년대의 마을 만들기 운동은 시민단체들에 의해 프로젝트 형태로 이루어진 데 반해, 성미산마을은 '마을'에 살고 있는 사람들이 품은 가치와 지향에 맞추어 삶을 꾸리고자 하는 가운데 성장했다. 공동 육아 운동에서 출발하여 아이들이 자라나면서 대안 학교에 보낼지 고민하고, 아이들의 먹거리를 위해 생협을 고민하고, 모임 공간을 만들기 위해 도서관이나 마을 카페를 만들지 고민하는 과정은 누군가 의도하고 미리 기획한 것이 아니라 여기에 참여하는 마을 사람들의 필요와 관계가 넓어지면서 이루어졌다.

지역 운동이 '마을'과 '공동체'라는 키워드를 공유하면서 지금까지의 지역 사회운동과는 다른 방법과 구조를 갖추게 되었고, 사람들의 삶 속에서 이전보다 운동의 뿌리가 깊어지기 시작했다. 과천, 홍성, 성미산 등 마을 공동체들이 존재하는 지역과 그곳에 사는 사람들이 본격적으로 사람들 입에 오르내리기 시작한 것도 그즈음이었다.

이를 확장하는 데 기여한 곳 중 하나가 2005년에 발족한 〈희망제작소〉이다. 〈희망제작소〉는 풀뿌리 운동의 각종 사례와 경험을 정리했고, 이를 토대로 지방자치 단체와 마을을 변화시키기 위한 프로젝트를 기획하고 제안하는 일을 본격적으로 시작했다. '목민관학교' 등을 통해 지방자치 선거에 출마하려는 사람들을 위한 교육 프로그램도 만들었다. 어느새 지역의 풀뿌리 운동은 2000년대 사회운동의 주요 자리에 모습을 드러내기 시작했다.

뉴라이트와 애국 단체

뉴라이트 운동이라 불리는 보수적 가치를 내세우는 운동은 2004년 11월 〈자유주의연대〉가 출범하면서 시작되었다고 할 수 있다. 〈자유주의연대〉는 신지호, 홍진표, 최홍재 등이 주축이었는데, 모두 과거 운동권 출신이다. 2005년 11월에는 김진홍 목사가 주축이 된 〈뉴라이트전국연합〉이 발족하면서 지역 조직까지 갖추게 된다. 이 단체들과 함께 〈바른사회시민회의〉, 〈시민과 함께하는변호사모임〉, 박세일 교수의 〈한반도선진화재단〉, 서경석 목사가 주축이 된 〈선진화시민행동〉 등이 조금씩 지향의 차이는 있다 해도 하나의 세력으로 등장한다. 2006년에는 안병직 교수와 〈북한민주화운동네트워크〉 한기홍 대표가 주축이 된, 현재는 〈시대정신〉이라 부르는 뉴라이트 재단도 발족한다. 이들 중 대표적인 사람들은 과거 운동권의 주사파였거나 좌파 진영에 속했던 사람들이기도 하다. 스스로는 보수와 진보를 넘어서는 실용적 중도라고 표방했지만 실제는 미국의 신보수주의 사상과 유사한 경향을 보인다. 이들은 광복절을 건국절로 부르자는 제안을 필두로 일본의 조선 침략에 대한 재해석, 위안부 문제를 일본의 책임보다는 당사자 책임이라 보는 시각, 북한 인권과 북한 민주화, 이승만·박정희 대통령 재평가, 자유주의와 시장경제 등 보수적 가치에 기반한 이념적 지향의 이론적 근거들을 제공했고, 교과서 포럼을 만들어 교과서 개정 운동을 전개하고 뉴라이트 교육 운동도 전개했다. 뉴라이트 세력이 제기한 의제들은 이처럼 향후 한국 사회의 발전에 관한 의제들이라기보다 자신들의 이념적 인식을 확산하려는 정치적 성격의 의제들이 대부분이었다.

이들 세력은 이명박 정부의 출범과 더불어 대거 정계로 진출하면서 소멸하게 된다. 〈자유주의연대〉의 신지호 대표, 〈자유주의교육운동연합〉의 조전혁 대표, 〈한반도선진화재단〉의 나성린 교수 등은 한나라당 국회의원으로, 경실련 사무총장 출신인 〈시민과함께하는변호사모임〉의 이석연 변호사는 법제처장으로, 홍진표 대표는 국가인권위의 상임위원으로 임명되었고, 〈뉴라이트전국연합〉의 일부 구성원들은 청와대 비서관 등으로 일하게 된다.

잠시 잦아드는 것 같던 뉴라이트 운동은, '올드라이트'라 불렸던, 반공주의에 기초한 극단적 보수주의 세력이 이어받게 된다. 서정갑 〈국민행동본부〉 본부장, 〈조갑제닷컴〉의 조갑제 대표 등이 좌파 척결 등을 주장하며 이명박 정부 내내 각종 집회와 시위를 주도하거나 이론적 토대를 제공하는 역할을 했다. 이후 2006년 창립한 〈대한민국어버이연합〉이 점차 주요한 단체로 부각되고, 진보적 인터넷 매체에서 활동하던 변희재 〈미디어워치〉 대표가 젊은 보수 논객으로 등장하면서 소위 애국 단체라 부르는 세력들이 그 자리를 이어받게 된다. 이들은 극단적인 반공 논리를 기초로 종북 척결이라는 공통의 과제를 내세우고 전통적인 시민운동 방식과 함께 과거 냉전 시대의 폭력적 성향의 활동을 전개하는 특징을 보인다. 2014년에는 〈서북청년단〉처럼 이름마저도 냉전 시대의 반공 청년 단체를 따르며 등장한 단체들이 시대착오적인 활동 모습을 보여주고 있다. 그런 점에서 건전한 보수적 가치를 기반으로 자신을 확장하고 있는 미국의 〈티파티〉같은 보수 시민단체는 아직 한국 사회에는 부재하다고 할 수 있다.

11

시민운동의
새로운 흐름2
─자발적 모임의 성장

1990년대에 성장했던 단체들이 침체기에 들어섰다고 해서 시민운 동이 약화되거나 위기에 빠진 것은 아니었다. 그러나 1990년대에 주요한 시민단체들의 활동이 워낙 인상적이어서 활동이 조금만 위 축돼 보여도 "요즘 시민단체들은 뭐하지?"라는 질문을 받곤 했다. 그래서 시민운동에 대한 강의를 하러 가면 꼭 하는 질문이 있었다. "시민단체가 너무 많다고 생각하십니까?"라고 질문을 하면 열이면 열 그렇다고 답했고, 너무 많아서 문제라고 여기는 분들도 있었다. 그러나 "그 단체들 이름을 기억하십니까?"라는 질문에는 대체로 4~5개 이상을 대지 못했다. 딱 한 번 10개 이상을 기억한 사람이 있 었는데, 경찰서 정보과에서 근무하는 분이었다. 대답에 주로 등장하 는 단체는 경실련, 참여연대, 환경운동연합, 녹색연합, YMCA였다. 보통 사람들의 머릿속에 시민운동은 이 단체들이 대표하고 있다 고 보면 된다. 이 단체들이 왕성하게 활동하면 시민운동이 잘된다 고 여겼고, 이 단체들의 활동이 주춤하면 시민운동도 침체 상태에 있다고 느꼈다. 이들의 왕성한 활동이 1990년대 시민운동의 토대를 넓혔다면, 2000년대에는 그 위에서 새로운 운동들이 성장하고 있어도 언론에 많이 보도되지 않아 그런 변화를 쉽게 알기는 어려웠다.

시민운동의 대중적 확장과 지역화

2000년대 들어 시민운동의 대중적 토대는 급속히 확장됐다. 특히 인터넷을 매개로 한 시민의 자발적 참여는 단지 일회적 참여에 그치지 않고 조직으로까지 발전했다. 역사사회학자인 루쉬마이어(Dietrich Rueschemeyer)는 시민사회에서 자발적 결사체가 늘어나는 것은 민주주의의 발전과 밀접한 관계가 있다고 했다. 그렇게 보면 상대적으로 개혁적인 김대중·노무현 정부가 이어지면서 사회 곳곳의 민주화가 심화되기도 했고, 동시에 시민들의 자발적 모임이 늘어나면서 스스로 민주주의를 확장하고 있기도 했던 셈이다.

지역 내에서 시민단체들이 본격적으로 생겨난 시기는 1994년 지방자치 단체장 선거가 실시되면서부터이다. 경실련의 경우도 지역 조직은 1990년대 중반에 급속히 늘어났다. 경실련 지역 조직의 주요 구성원들은 대개 1980년대에 지역에서 민주화운동이나 노동운동을 하던 사회운동과 관련된 사람들이었다. 서울 지역에 만들어졌던 〈열린사회시민연합〉의 경우 1980년대에 서울에서 〈민주쟁취국민운동본부〉에 참여했던 그룹이기도 했다.

한편 서울의 단체와 일정한 거리를 둔 독립적인 지역 주민 조직들이 생겨나는 변화와 함께 기존의 시민단체들 내부에서도 지역 조직과 맺는 관계가 달라졌다. 경실련에서는 지역 조직들이 중앙 조직과 거리를 두며 독립성을 강화했는데, 2003년에는 지역 지부들이 경실련 내에서 별도의 의사결정 체계를 갖는 '지역경실련협의회'가 만들어졌다. 참여연대에서는 3개의 지부 조직이 생긴 뒤 네트워크 형태로 협력하는 지역 협의체를 만들었다. 필자가 근무했던 〈함께하는 시민행동〉은 창립 초부터 아예 지부 조직을 두지 않기로 결정하고 사안별로 네트워크를 꾸려 지역의 조직들과 협력했다.

2000년 이후의 지역 조직들은 세 가지 발전 경로를 보이는데, 하나는 1990년대부터 지역에서 뿌리내리고 공동체 활동을 통해 의식적이든 무의식적이든 지역 사회의 변화를 추구해 온 경우이다. 앞에서 소개한 마포의 성미산마을이 대표적인 경우이다.

두 번째 경로는 1990년대 시민단체들의 지부 조직을 구성하는 주요한 인적 자원이 1980년대 민주화운동에서 나오는 것처럼, 1980년대 민주화운동과 1990년대 시민운동의 세례를 받은 세력들이 중앙 조직들의 지부 조직으로 성장하는 것이 아니라 처음부터 독자적이고 자율적인 조직을 구성하는 경우이다. 이 경우엔 조직의 구성 방식과 창립 과정은 1990년대 시민단체들과 유사하지만 주민 조직의 성격을 분명히 하고 있다는 점에서 차이가 있다. 〈열린사회시민연합〉, 〈광진주민연대〉, 〈관악주민연대〉, 〈평화와 자치로 가는 인천연대〉 등이 이에 해당된다. 인천연대의 경우 인천 지역별로 모임을 결성할 수 있을 정도로 회원들의 참여가 활발하고 회비만으로도 조직 운영이 가능할 정도로 토대가 탄탄했다.

세 번째 경로는 2000년 이후에 본격적으로 드러난다. 2002년 대선 당시의 노사모의 경험과 2004년 탄핵 무효 운동, 총선 당시 개혁당의 경험이 작용한 경우이다. 노사모나 개혁당의 경우 당시에 자발적 참여자들을 지역별 조직으로 모이게 하여 오프라인에서의 자원 활동이 가능하도록 했다. 이 지역 조직에서 만났던 사람들은 대다수가 노사모의 중심 회원이거나 열린우리당의 당원으로 정치적 활동을 목표로 한 것은 아니었다. 노사모와 개혁당을 통해 정치 개혁을 이루어 보고자 한 시민들이라고 볼 수 있다. 따라서 이들은 개혁당이 민주당과 합당하여 열린우리당을 만드는 과정에서 일부는 정당 참여 운동을 통해 열린우리당의 당원이 되기도 했지만 다수는 이에 합류하지 않았다. 이들은 대개 인터넷 카페나 게시판 등의 모임을 통해 네트워크를 유지하다가 2004년 탄핵 무효 운동에도 결합하게 된다.

탄핵 무효 운동 참여를 통해 지역 모임을 만들어 간 사람들은 2004년 총선에서는 우리 정치의 고질적 문제였던 지역과 보스에 기초한 정치 지형을 바꾸는 데 기여한다. 이런 활동에 힘입어 2004년 총선은 과거보다는 훨씬 정책 대결이 가능한 정치 지형, 특히 민주노동당의 의회 진출로 상징되는, 이전과는 다른 정치 지형이 만들어지게 된다. 그러나 기대에도 불구하고 국회는 여전히 구태를 반복했고 실제 자신들을 둘러싼 삶의 모습도 변하지 않자, 결국 자신이 살고 있는 지역 사회의 구체적이고 실제적인 변화가 사회 개혁을 위해 반드시 필요하다는 인식에 도달한다. 이런 인식은 아예 지역 모임을 만드는 과정으로 나아간다. 2005년에 결성된 〈은평주민연대〉 같은 경우가 이에 해당된다. 처음부터 정치적 변화는 사회적 토대의 변화 없이 어렵다고 생각한 그룹들은 특히 생협 운동 같은 풀뿌리 운동에 주목하면서 지역 생협을 만드는 일에 나서기도 했다. 그야말로 동네 사람들이 모여서 동네 일을 통해 사회 변화를 추구해 보고자 하는 조직들이 만들어지기 시작한 것이다.[10]

인터넷 시대, 대중적 토대의 확장

지역 운동만 변화한 것이 아니다. 자발적 결사체들의 성장은 인터넷을 매개로 한 단체들의 증가에서도 확인된다. 2004년의 탄핵 무효 운동 집행부의 역할은 과거와 전혀 달랐다. 행사에 드는 비용도 참여자들이 마련했고, 행사장 곳곳에서 벌어진 다양한 이벤트도 집행부의 지휘와는 별개로 이루어졌다.

1999년에 생긴 '안티닉스' 사이트는 인터넷상에서 최초로 집회와 시위를 조직해 소비자 운동을 일으키며 인터넷이 시민운동의 중요한 공간이자 무기임을 증명해 보였다. 2000년의 총선시민연대는 인터넷이 중요한 홍보 수단이 될 수 있다는 것을 확인했고, 2002년에 전국을 흔든 여러 사건들은 인터넷이 활동의 공간이며 조직의

---

10 하승창, 〈90년대 중앙집중형 시민운동의 한계와 변화에 관한 연구〉, 연세대, 2006.

114

수단이자 운동의 무기가 될 수 있음을 알려 줬다. 여기에 더해 2004년 탄핵 무효 운동에 참여한 사람들은 이제 전통적인 조직 구조상의 중앙은 없으며 다양한 중심들이 서로 네트워크를 맺어 소통하게 될 것이라는 가능성을 보여줬다. 인터넷을 매개로 한 시민운동의 대중적 토대는 1990년대에 비해 훨씬 넓고 깊게 확장되고, 참여자들도 자신과 다른 사람을 연결하며 성장해 가는데 반해, 1990년대 성장한 시민단체는 여전히 자신들에게 익숙한 성명서와 보도자료로 채워진 홈페이지에 매달려 있었다.

《시민의신문》이 2006년에 조사한 결과에 따르면, 2005년 현재 사회단체 중 2000년 이후에 창립된 단체가 전체의 40.35%로 나타났다. 2000년 이후 창립된 단체들 중 온라인 단체와 교육학술 단체가 전체의 46.80%이며, 그중 온라인 단체의 증가가 뚜렷하게 확인되는데, 온라인 단체의 97.12%가 2000년 이후에 설립된 것으로 나타났다. 특히 2004년 이후에 35.91%가 설립된 것으로 나타나 2002년 이후 우리 사회의 변화를 반영하고 있는 것으로 보인다. 2000년 조사에 비해 수도권 집중률이 49.88%에서 54.7%로 높아진 것으로 나타나는데, 수도권 내 지역 조직들의 증가가 적지 않은 비중을 차지하는 것으로 추론할 수 있다. 또 조사 대상 단체들 중 환경단체는 7개 광역시와 경기도를 제외한 지역에 55%가 소재한 것으로 조사되어 생태적 패러다임에 기초하는 지역 단체들이 늘고 있음을 확인할 수 있다.[11]

---

11 하승창, 〈90년대 중앙집중형 시민운동의 한계와 변화에 관한 연구〉, 연세대, 2006.

자발적 모임들의 성장이 두드러지는 배경에는 인터넷이 있다. 인터넷이 우리 사회에서 상업적으로 쓰이기 시작한 것은 1990년대 중반부터이다. 다음(Daum)이 1995년에 창업했고, 이메일 돌풍을 몰고 온 한메일은 1997년부터 서비스되기 시작했다. 1996년 무렵 필자가 경실련에 있을 때 광통신 선이 사무실에 들어왔는데, 인터넷의 검색 기능을 이용하거나 이메일 계정을 가지고 있는 상근자는 극히 드물었다. 물론 그런 환경 자체가 마련돼 있지 않기도 했다. 기본적으로 컴퓨터를 가지고 있는 사람이 적었다. 2~3명이 컴퓨터 한 대를 공유했고 대부분 문서 작업용으로 이용했다. 다른 시민단체들도 사정은 크게 다르지 않았다.

인터넷에서 말하고 행동하는 자발적 시민

당시 인터넷은 누구에게나 신세계였다. 그러나 시민단체들이 당시에 갖고 있던 온라인 세계에 대한 경험은 미약했다. 경실련은 나우누리에 경실련의 'CUG(Closed User Group)'를 만들어 놓고 내부 부서와 지역 경실련들을 연결해서 전자적 소통에 막 익숙해지던 참이었다. 다들 전자적 소통에 무관심했던 때였지만, 나우컴의 문용식 대표가 시민단체들의 활동을 돕는다는 취지로 흔쾌하게 응해주어 가능했던 일이다. CUG에 겨우 적응이 되려는데 다시 인터넷, 이메일 등 생소한 개념을 접하게 되니 혼란스럽기만 했던 시절이었다. 다행히 인터넷이 급속히 보급되면서 점차 익숙해졌고, 대문만 덜렁 있던 어설픈 경실련 홈페이지에도 관심을 보이는 사람들이 늘어나기 시작했다.

지금은 제도화되어 있는 참여 예산 제도나 '조세의 날'이 '납세자의 날'로 바뀐 배경에는 경실련에서 시작한 시민행동에서 발전된 예산 감시 운동이 있었다. 이 예산 감시 운동은 인터넷을 통해 얻은 정보로부터 시작되었다. 우연히 검색된 미국의 납세자 운동 사이트인 'CAGW(http://cagw.org/)'에 주목하면서 내부 논의가 시작되었다. 그때부터 납세자 운동에 관심 있는 재정 분야의 학자들을 찾아 이런 운동을 제안했고, 경실련 내부에서도 납세자 운동 부서가 만들어지며 첫발을 내디딜 수 있었다. 지금 생각하면 참 어설펐지만, 나름 새로운 운동을 시작한다는 설렘과 인터넷 검색을 통해 새로운 운동을 알게 되었다는 뿌듯함이 있었던 것 같다.

시민단체들이 뒤늦게 인터넷의 중요성을 인식하게 되었던 배경에는 총선연대 활동이 있었다. 경실련이 총선연대보다 먼저 2000년 1월 초에 낙천 대상을 발표했는데, 과거 같으면 명단이 궁금한 사람들은 신문을 다시 찾아보거나 경실련에 연락해서 명단을 팩스로 받아 봐야 했다. 그랬다면 경실련은 사람들에게 명단을 보내 주느라 다른 일은 아무것도 할 수 없었을 것이다. 그런데 경실련은 이 명단을 홈페이지에 게시했다. 경실련 서버에 접속자들이 폭주하면서 여러 번 다운이 되긴 했지만 명단이 퍼지는 속도는 과거에 비할 바가 아니었다. 사람들은 명단을 이메일로 주고받거나 각종 게시판에 게시했다. 자기 지역의 낙천자 명단이 궁금했던 사람들의 접속이 늘어나고 그에 따라 관련 정보도 광범위하게 퍼지면서 대상자가 누구인지 확인하는 일이 그리 어렵지 않게 되었다.

총선연대의 낙선 대상자 명단도 비슷한 경로를 통해 확산되었다. 그때까지 홈페이지조차 제대로 만들어 놓지 않았던 대부분의 시민단체들은 이후 저마다 홈페이지를 만들기 시작했다. 그럼에도 2000년대 초반까지는 홈페이지 없는 시민단체가 절반에 가까웠다. 내부에 홈페이지를 만들거나 관리할 인력이 마땅치 않았고, 외부에 맡기려 해도 비용이 문제였다.

시민단체들의 상황과 관계없이 시민들은 인터넷을 매개로 움직이기 시작했다. 1999년에 다음이 카페 서비스를 시작하자 여러 모임들이 만들어지기 시작했다. 기존의 시민단체들이 인터넷을 통한 운동에 막 관심을 가졌을 무렵, 시민들은 이미 인터넷 모임을 만들며 움직이고 있었던 것이다.

당시 관심있게 보았던, 인터넷상의 단체들 중에 자전거 동호회가 있었다. 〈자전거로출퇴근하는사람들〉이나 〈발바리〉라는 자전거 모임은 상근자도 회비도 사무실도 없이 오로지 카페에 가입한 회원들끼리 활발한 내부 논의를 통해 모임을 꾸려 갔다. 네이버 카페 〈자전거로출퇴근하는사람들〉은 지금도 회원 수가 50만 명을 넘는다. 〈발바리〉에서는 자전거 타는 행위를 '잔차질'이라고 불렀다. 이들은 매월 셋째 주 토요일이면 광화문에 모여 '떼거리 잔차질'이라는 퍼포먼스를 했던 기억이 있다. 인터넷에 올라와 있는 이야기를

자전거 모임인 '발바리' 회원들이 자전거로 차선 하나를 점유하여 일명 '떼거리 잔차질'을 하고 있다.
"자전거면 충분하다" 같은 피켓으로 환경문제 해결을 위한 대안으로 자전거 타기를 내세웠다.

옮겨 보면 다음과 같다.

우리는 자전거가 환경오염으로 죽어 가고 있는 도시를 살리는 대안적인 녹색 교통임을 확신하며 자전거를 타지만, 자전거를 타고 나오신다면 당신이 누구라도 어떤 목적으로 타든지 상관없습니다. 자전거를 탄다는 것 자체가 즐겁고 의미 있는 일이니까요. 함께 타면 그 즐거움이 배가 됩니다.

매달 셋째 주 토요일 광화문에서 서울의 모든 잔차들이 모여 잔차 페스티벌이 펼쳐지는 게 발바리의 꿈입니다!

축제답게 우스꽝스럽더라도 최대한 잔차를 치장해서 나오면 더욱 즐겁겠네요. 우리는 자전거의 권리를 되찾는 구호로 치장할 것입니다. "자전거는 대안적 녹색 교통수단이다!", "자전거 전용 도로를 확대하라!"

'떼거리 잔차질'이 어떤지 궁금해 2005년 봄 광화문에 직접 나가 보았다. 각양각색의 다양한 구호를 붙인 채 서울 시내를 자전거로 달릴 뿐이었지만, 자전거 정책에 대한 어떤 집회나 시위보다 강한 힘이 느껴지는 퍼포먼스였다.

이런 자발적 모임들이 기존의 시민단체와 상관없이 자신이 공감하는 사회 문제에 대해 자유롭게 발언하고 행동하기 시작하면서

1990년대와는 전혀 다른 성격의 시민단체 혹은 자발적 결사체들이 만들어졌다. 〈함께하는 시민행동〉 활동을 하면서도 이런 모임들을 경험했다. 시민행동을 돕던 자원봉사자들이 만든 모임인 〈번역으로 세상을 바꾸는 사람들(번세바)〉은 시민단체의 번역과 통역을 도와주던 자발적 모임이지만, 상근자도 사무실도 없이 그저 게시판 하나로 운영됐다. 이외에도 〈아파트가격내리기 시민모임〉 같은 소비자 운동형 단체 등 다양한 모임들이 생겨났다.

자발적인 모임들이 늘어나면서 대변형 운동이라 불렸던 시민운동의 전형적 행사들(공청회, 토론회 등)에 참여자들이 급격히 줄기 시작했고, 그 대신 인터넷상에서 직접 말하고 행동하는 시민들이 늘어나기 시작했다. 굳이 시민단체를 거쳐야 하는 이유가 줄어든 것이다. 이런 자발적 모임들은 2008년 촛불 시위에 가서 본격적으로 만나게 된다.

'안티닉스' 사건

안티닉스(Anti NIX) 사건은 1999년 8월경부터 10월까지 두 달간 ㈜닉스라는 청바지 업체가 인터넷 사업에 진출하기 위해 도메인을 공모했는데, 당선자가 관련자라는 사실이 네티즌들에 의해 밝혀지면서 ㈜닉스의 인터넷 사업 진출마저 어려워진 사건을 가리킨다. 지금은 기억하는 사람들이 많지 않지만 당시 인터넷에서는 큰 사건이었다.

㈜닉스는 인터넷 사업에 진출하기 위해 3억 원이라는 거금을 상금으로 내걸고 도메인 이름을 공모하는 이벤트를 전개했다. 인터넷 사업 초창기에 도메인명 공모 이벤트는 네티즌들에게 새로운 도메인을 홍보하고 잠재적인 고객을 확보하기 위한 효과적인 방법으로 활용되었다.

공모 결과 'Ifree'라는 도메인 이름이 당선되었고, 수많은 네티즌이 응모에 참여해 성공적으로 마감될 것 같았던 이벤트는 당선작이 ㈜닉스와 관련된 회사 직원이 응모한 것이라는 사실이 밝혀지면서 참가했던 네티즌들을 허탈하게 만들었다. 이 사실이 알려지자 'ihateifree'라는 이름의 안티 사이트가 개설되어, ㈜닉스에 대한 공식적인 항의 장소로 발전해 갔다. 네티즌들은 스스로 홍보대를 구성하여 ㈜닉스의 문제를 알리고, 안티 사이트를 운영할 운영위원회를 구성하여 ㈜닉스 측에 사과와 함께 상금의 사회적 환원 요구 운동을 전개했다. 처음엔 응모에 떨어진 사람들의 반발 정도로 생각했던 ㈜닉스는 계속 파장이 이어지고 사태가 커지자 결국 공식적으로 사과하고 상금도 사회에 환원했다. 실제 상금은 안티닉스 사이트 운영진의 협의를 거쳐 어려운 사람들을 돕는 일에 기부되었다. ㈜닉스는 이 일로 인터넷 사업 자체를 중단하게 되었다.

안티닉스 사건은 네티즌들의 자발적 결사와 의사 결정, 집단적 참여라는 점에서 이전의 운동과는 전혀 다른 모습을 보여준 사례였다. 인터넷 초창기에 인터넷을 매개로 한 항의와 시위가 가능하다는 것을 보여준, 필자의 기억으로는 첫 번째 사례라는 점에서 의미 있는 사건이었다. 특히 안티닉스 사건 이후 이와 유사한 방식으로 활동하는 각종 안티 사이트가 '온라인 소비자 운동'이라 불리며 급속히 확대되었다. 이들 사이트는 이후 공정거래위원회의 제안으로 기존의 오프라인 소비자 단체, 관련 기업 등과 함께 사이버소비자협의회를 구성하기도 했다.

12

시민운동의
새로운 흐름3
-가치의 다양화

1990년대에 성장한 시민단체는 어떠한 가치와 사회적 목표를 가지고 있었을까? 필자는 1992년에 경실련에서 일해 보지 않겠냐는 제안을 받았을 때만 해도 경실련에 대해 잘 알지 못했다. 생각해 보겠다고 답한 뒤 바로 서점에 가서 경실련에서 출판한 책 몇 권을 사서 읽기 시작했다.

그중에 훗날 경실련 정책위원장이 된 김태동 교수 등이 쓴《땅, 투기의 대상인가 삶의 터전인가》라는 책이 있었다. 1980년대에 학생운동, 노동운동을 거치면서 토지 문제와 관련된 강령 수준의 주장들, 국유화나 공유화 등에 대한 생각이 많았던 차에 이 책을 읽으면서 토지 문제가 실제 내가 아는 것과 달리 사람들의 삶 속에 얼마나 복잡하게 얽혀 있는지 알 수 있었다. 그 무렵 내가 1980년대에 가졌던 지향과 가치가 시대에 뒤떨어져 있다는 생각을 하고 있었지만 다른 대안에 대해서는 아직 생각이 정리돼 있지 않았다. 그런데 그 책에서 제시된 아주 구체적인 정책 대안들을 보고 경실련에 흥미를 느끼기 시작했다. 토지 문제에 대해 사회적 공정성과 형평성이라는 가치를 중심에 둔 해법과 그에 기초한 대안들이 실질적인 변화를 만들어 낼 가능성이 있다고 보았다. 경실련이라는 단체가 점점 더 궁금해졌고, 결국 경실련에 합류하게 되었다.

경실련으로 대표되는 1990년대의 사회운동은 바로 그 공정성과 형평성, 투명성이라는 가치가 우리 사회에 필요하다고 주장하고 있었고, 우리 사회 역시 상당히 공감했다. 당시 경실련과 참여연대의 주요 활동 과제들을 여기에 맞춰 나눠 보면 아래 표와 같다.

〈표8〉 경실련, 참여연대의 주요 활동 과제에 대한 가치별 분류

공정성	투명성	형평성
선거 제도 개혁 재벌의 소유 구조 개선 공정거래법 개정 금융실명제 실시	정치자금법 개정 금융실명제 실시 금융 개혁 통합부패방지법 제정	경쟁 제한적 정부 규제 철폐 상속증여세 개선 사회복지서비스 개선 빈곤층 보호와 주거복지 개선 여성노동자에 대한 차별 해소 부동산 관련 세제 개혁 의료보험 제도 개선

– 하승창, 〈90년대 중앙집중형 시민운동의 한계와 변화에 관한 연구〉, 연세대, 2006.

논란이 있긴 하지만, 김영삼 정부와 김대중 정부의 정책들은 1990년대의 사회운동이 제기한 문제들에 대해 제도적으로 일정한 답을 줬다. 그러나 2000년대 들어 시민단체들이 제기했던 과제들은 이전만큼 중요하게 다뤄지지 않았다. 1990년대에 시민단체들이 주장했던 방향으로 가야 한다는 공감대가 사회적으로 더 이상 새롭게 느껴지지 않았기 때문이다. 반면 1990년대부터 함께 제기됐지

만, 좀 더 가치 지향적인 의제들이 사회 문제나 갈등의 근원으로 작용하기 시작했다.

2000년대, 새로운 사회적 의제의 등장

새만금 간척을 반대하는 싸움이 대표적이다. 수경 스님과 문규현 신부가 중심이 되어 시작한 삼보일배는 그동안 시민단체들이 해온 공청회나 토론회, 기자회견식 집회나 시위, 캠페인과는 전혀 다른 운동 방식이었다. 삼보일배 자체가 종교적 행동이어서 느껴지는 진정성이 있기도 했고, 무엇보다 고행이라는 자기성찰적 방식으로 우리 사회에 질문을 던졌다는 점에서 과거와 전혀 달랐다. 다른 한편으로는 공동체의 주요한 가치로서 생태적 가치를 근본에 둬야 한다는 문제의식을 던졌다는 점에서 한국 환경운동의 중요한 전환점이었다고 생각한다. 묵언으로 고행을 이어 가던 신부님과 스님을 만나며 사람들은 자기도 모르게 눈물을 흘리곤 했다. 삶의 방식을 바꾸지 않고 이대로라면 죄를 짓는 것일지도 모른다는 생각을 했던 것이다. 그만큼 삼보일배라는 방식이 전해 준 생태적 가치에 대한 종교인들의 진정성은 사람들에게 감동을 주었다.

이 무렵 1990년대와는 다른 사회적 의제들이 제기되기 시작했다. 천성산 터널 공사에 반대한 지율 스님의 단식도 생태적 가치에 대한 경각심을 불러일으켰고, 강의석 군이 학원에서 종교의 자유를 요구한 싸움은 '개인'을 존중해야 한다는 가치를 새롭게 환기시킨 사건이었다. 평택에서 벌어진 미군 부대 이전 반대 투쟁은 이전까지의 저항과는 다른 양상으로 전개됐다. 1980년대에는 반제 투쟁이라는 기치 아래 집회가 조직됐지만, 평택 문제는 부대 이전으로 인한 주민들의 생존권 문제와 더불어 '평화'라는 가치가 반영된 싸움이었다. 이전까지 잘 알지 못했던 소규모의 평화 운동 단체나 모임들이 평택에 모여 부대 이전 반대 운동을 전개했다.

오태양 씨의 양심선언으로 시작된 양심적 병역 거부 역시 새롭게 부각된 사회적 의제로, '인권'과 '평화'라는 가치에 대해 다시 생각하게 했다. 이전까지 양심적 병역 거부를 택하는 사람들은 '여호와의 증인' 교인들처럼 대부분 종교적 이유 때문이었다. 오태양 씨의 병역 거부가 있기 전까지는 양심적 병역 거부가 우리에게 의미 있는 사회적 의제로 다가오지 않았던 것이 사실이다. 양심적 병역 거부 문제와 관련해서는 개인적인 경험도 있다. 1980년대에 학생운동을 하다 교도소에 수감되었을 때 만난 이들 중에 병역 거부로 실형을 살고 있는 사람이 있었다. 착하고 성실해서 도저히 범죄를 저질렀으리라 생각되지 않아 교도관에게 물어보니 '여호와의 증인' 신자로 병역을 거부했다는 것이었다. 당시에는 그저 입대를 기피하는 사람들로만 치부하고 그들이 무엇 때문에 군대를 거부하는지에 대해서는 큰 관심을 갖지 않았다. 양심적 병역 거부 운동은 인권 감수성에 대해 다시 생각하게 한 계기인 동시에, 앞서 말한 새 의제들과 더불어 2000년대 우리 사회 인식의 변화를 보여주는 의미 있는 사례이다.

사회운동의 성장과 분화

1990년대의 시민운동이 드러냈던 가치와는 다른 가치에 기반한 새로운 의제들을 제기하는 새로운 운동의 성장은 필연적으로 사회운동의 분화를 가져왔다. 1990년대에도 비슷한 의제들은 있었지만, 2000년대 들어 과거와 다르게 받아들여지고 새로운 요구가 제기되는 현상은 사회가 변하면서 개인의 일상과 이해관계, 관심이 달라졌음을 의미한다.

〈함께하는 시민행동〉에는 나름 이런 변화를 담아 보려 했던 시도들이 있었다. 당시에는 낯설었던 '정보인권'이라는 개념을 사용하면서 개인 정보 보호 운동을 벌였고, 시민의 주체성을 강조하면서 납세자 운동의 일환으로 '밑 빠진 독 상'이라는 예산 감시 운동을 진행했다. '밑 빠진 독 상'은 시민운동의 모범 사례로 중·고등학교 사회 교과서에 수록됐다. 지금은 보편적인 사회 기준으로 받아들여지고 있는 기업의 사회적 책임에 대한 문제를 던지기도 했다.

2005년 12월 24일 현재, 포털 사이트 다음에 등록된 카페 중에서 'NGO'를 키워드로 검색하면 249개, 네이버의 경우 'NGO'에 관련된 블로그를 검색할 경우 14,637건의 결과를 볼 수 있었다.[12] 당시 대부분의 시민단체들은 홈페이지만 갖고 있는 정도였고 카페나 블로그가 2000년 이후에 보편화됐다는 점을 감안하면, 포털에서 검색

---

12 하승창, 〈90년대 중앙집중형 시민운동의 한계와 변화에 관한 연구〉, 연세대, 2006.

따른 병역거부는
계 감옥대신 대제복구
장소: 안국동 철학카페 느티[
시: 2002. 2. 4

2002년 2월, 오태양 씨가 최초로 종교적 이유가 아닌 양심에 따른 병역거부를 선언한 이후 시민단체들은 양심적 병역거부자들에 대한 대체복무제 도입을 주장하기 시작했다.

된 모임 대부분이 시민들의 자발적 의지에 따라 생겼다고 볼 수 있다. 이렇게 만들어진 대부분의 단체들은, 당시 500여 개의 시민단체들이 가입한 '시민사회단체연대회의'에 가입하지 않고 또 다른 생태계를 만들었다. 이들은 '인권단체연석회의', '평화활동가모임' 등 같은 가치를 가진 그룹들을 모아 별도의 연대 모임을 만들었다.

기존 시민단체로부터 떨어져 나와 조직 구성 방식은 비슷하되 가치 지향을 좀 더 분명히 하는 단체들이 만들어지기도 했다. 참여연대에서 〈국제민주연대〉와 〈생명과학센터〉가 독립했고, 환경운동연합에서 〈에너지대안센터〉가 분리되기도 했다. 아름다운재단이나 〈아름다운가게〉는 참여연대의 박원순 변호사가 사무처장 임기를 마치고 나와 새롭게 운동을 시작하며 만들어졌다. 각각의 경우마다 여러 이유들이 있겠지만, 2000년대 들어 새로운 성격의 운동이 성장하고 분화하는 과정으로 볼 수 있다.

3부

2008년의 변화
– '시민운동'을 넘어선 사람들

13   '90년대 시민운동'을
넘어서려는 박원순의 시도

1990년대에 성장한 시민단체들에 있어 2000년대 중반은 그동안의 운동에 대해 근본적으로 고민하지 않으면 안 되는 시기였다. 분명한 것은 '90년대 운동'이 이제 그 시대를 마감하고 새로운 사회운동이 요구되고 있었다는 점이다. 민주화운동이 역사적 사명을 다하고 90년대의 시민운동에 그 사회적 지위를 내어 주었듯이 다른 성격의 운동들이 조직되어야 할 때였다. 이미 2000년대 초반부터 새롭게 생성되고 성장하고 있는 운동은 있었다. 생태와 평화, 인권을 가치로 내걸고 2000년 이후 활동 폭을 넓혀 가고 있었고 다른 한쪽에서는 지역을 중심으로 풀뿌리 운동이 확장되어 가고 있었다.

박원순과 아름다운재단

그러나 이런 새로운 운동들을 연결하고 담론을 제공하는 운동은 여전히 생성되고 있지 못했다. 90년대의 시각과 가치와 관성이 옥죄고 있었기 때문이다. 90년대에 성장하여 사회운동을 떠받쳐 온 대변형 시민운동의 혁신과 함께 새로이 성장하는 운동을 토대로 90년대의 관행을 벗어 버리고 다른 세계에 또 다른 도전을 해야 하는 시기였다.[13]

되돌아보면 시민운동의 패러다임이 바뀌어야 한다는 문제의식이 깊어 가던 이 시기에 기존 시민단체의 리더 중에서 새로운 시도를 한 사람은 박원순 변호사였다. 총선연대 활동이 끝나고 난 뒤 시민단체연대회의 운영위원장을 맡아 전국 시민단체의 리더로도 자리매김한 박원순 변호사는 그때 이미 참여연대 사무처장을 그만둘 생각을 하고 '아름다운재단' 창립에 나선다.

당시로 보면 월드비전이나 사회복지공동모금회가 있기는 했지만, 나눔운동이라는 것이 시민운동의 중요한 영역으로 인식되지 않던 때였다. 그러니 다른 사람도 아니고 박원순 변호사가 나눔운동을 하려고 재단을 만든다니 의아해 하는 사람이 적지 않았다. 나눔이 그저 돕는 것이라는 생각이 일반적이었던 때에 박원순 변호사는 '나눔이 변화를 만든다'는 슬로건을 들고 나와 시민운동의 영역과 가치를 한 걸음 더 나아가게 만들었다.

맨 처음 시작한 '1% 나눔운동'은 성공적이어서 나눔운동의 일반적 구호처럼 되기도 했다. 더구나 '기부금품모집금지법'으로 법률적 단체가 아니고서는 모금도 자유롭지 않던 시기에 박원순 변호사의 도전은 큰 의미가 있는 것이었다. 그의 이런 도전은 2014년 서

---

13 하승창, 〈90년대식 시민운동에 종언을 고하자〉, 오마이뉴스, 2006.10.21.

울시장에 재선되면서 대선주자로까지 불쑥 커 버리자 정치적 공격의 빌미가 되기도 한다. 사실상 사문화된 법률에 가까운 이 법에 의거해 불법 모금 혐의로 뒤늦게 고발되기도 했다.

아름다운재단은 급속히 성장했다. 시민운동 내부에서는 재단에 모금되는 돈으로 시민단체를 도우려나 보다 생각하는 사람들도 있었다. 그러나 박원순 변호사의 목표는 단순히 시민단체를 지원하는 데 있지 않았다. 슬로건이 의미하듯 나눔이라는 방식을 통해 사회 문제를 해결하는 데 큰 관심이 있었고, 그것만으로도 사회운동은 새로운 생각을 할 수 있게 되었다. 저소득 한부모 여성가장 창업 지원 프로그램인 '희망가게 프로젝트', 최저생계비 실현을 위한 '빈곤체험 프로젝트', '공부방 아이들의 소원 들어주기', '책날개를 단 아시아' 등 사회적 문제에 관심을 가지고 이를 해결하기 위한 노력을 기울이는 곳들을 지원함으로써 나눔이 사회문제 해결에서 역할을 할 수 있다는 것을 보여주었다. 나눔운동을 새로운 사회운동 영역으로 발전시킨 셈이다.

아름다운재단을 통해 성장한 새로운 운동들도 있다. 공익변호사 그룹 〈공감〉이나 〈아름다운가게〉 같은 경우이다. 〈공감〉은 우리나라 최초로 공익 활동을 본업으로 하는 변호사 그룹이다. 법률적 보호를 받지 못하는 소수자나 인권 피해자 들을 위한 본격적 공익 활동을 전개하는 곳이다. 박원순 변호사가 인권 변호사라 불리고, 변호사들 중 최초로 시민단체에 상근한 경우라면, 〈공감〉에 근무하는 변호사들이 그 뒤를 이었다고 볼 수 있다.

〈아름다운가게〉의 경우 우리나라 최초의 사회적 인증 기업이기도 하다. 〈아름다운가게〉 같은 재활용 운동이 그 이전에 없었던 것은 아니지만 〈아름다운가게〉만큼 성공적이지는 않았다. 〈아름다운가게〉는 단순한 재활용에 그치지 않고 새로운 상품으로 만들어 내기도 했다. 버려진 현수막으로 가방을 만들어 판매한 것이 대표적이다. 공정 무역에 대한 관심도 〈아름다운가게〉를 통해 확산되었는데, 그중 공정 무역으로 공급하는 커피 사업은 〈아름다운커피〉로 발전했다.

공익과 인권, 나눔, 생태, 공정 무역 등 2000년대 이후 사회적 공감대가 높아져 가던 새로운 가치들을 기반으로 한 도전이 아름다운재단이나 〈아름다운가게〉, 〈공감〉 등을 통해 시작되고 사회운동의 중요한 가치로 자리 잡게 만드는 데 기여한 셈이다. 그를 실현하는 수단도 당시까지 일반적이었던 '시민단체'를 만드는 방식이 아니라 재단이나 사회적 기업이라는 형태로 문제 해결의 주체를 새로이 만들어 냄으로써 사회운동을 한 걸음 더 나아가게 만들었다.

박원순 변호사는 연이어 '희망제작소'를 창립하고 이를 통해 본격적인 민간 싱크탱크를 만들어 보려 한다. 초기의 희망제작소는 지방자치 단체들과 연계하여 지역 혁신을 위한 아이디어를 제공하거나 '목민관 클럽'을 통해 자치단체장들이 새로운 가치에 기반한 지역 발전 전략을 세우는 데 도움을 주기도 했다. 그러나 본격적인 국가적 의제에 대한 도전은 뜻한 대로 이루어지지는 않았다. 점차 희망제작소는 싱크탱크의 성격보다 사회 혁신 운동 쪽으로 무게

최초의 사회적 인증 기업이기도 한 〈아름다운가게〉의 나눔장터의 모습이다. 이러한 나눔장터를 통해 재활용운동이 널리 알려지기 시작했다.

중심을 옮겨 갔다. 청년들의 창업 프로젝트를 돕거나 사회 혁신 사례들을 발표하는 포럼을 만들고 관련 국제 네트워크를 만드는 등의 활동으로 옮겨 가는데, 이 또한 기존의 방식으로 문제를 해결하기 어렵다는 고민에서 출발한 자연스러운 변화이기도 했다.

이렇게 보면 1990년대의 대표적 시민운동 영역 안에서 2000년대 시민운동의 변화에 적극적인 대응을 한 경우는 참여연대의 박원순 변호사가 거의 유일하지 않을까 싶다.

박원순 변호사와 비슷한 활동을 펼친 미국의 시민운동가 랄프 네이더(Ralph Nader)가 있다. 1970년대에 〈네이더 돌격대〉라는 소비자 운동 단체를 발족해 미국 소비자 운동의 대부로도 불린 그는 1980년대에는 〈퍼블릭시티즌〉이라는, 우리로 치면 참여연대와 유사한 시민단체를 만들어 미국 시민운동의 중심 역할을 한 인물이다. 〈네이더 돌격대〉를 만들기 전 랄프 네이더는 'GM의 자동차는 어떤 속도에서도 안전하지 않다'는 주장을 하면서 거대 기업인 GM과 소송을 하게 된다. GM이 그에게 사설탐정을 붙인 것이 탄로나면서 네이더는 소송에서 이기게 되는데 그때 받은 보상금으로 〈네이더 돌격대〉가 탄생한다. 분야는 다르지만 박원순 변호사가 시민운동에 본격적으로 뛰어들기 전 '인권 변호사'로 위안부 소송 문제나 부천 성폭력 사건 등을 도운 점도 비슷하다. 랄프 네이더는 그후 미국 녹색당의 대통령 후보로 나서 정치 영역에 도전하는데, 본격적인 정치인을 꿈꾸었다기보다 선거라는 공간에서 자신이 주장해 온 가치를 이야기하려 했다는 것이 더 정확할 것이다. 반면 박원

순 변호사는 서울시장이라는 지방자치 단체장 선거에 나서서 당선
됨으로써 이제 랄프 네이더와는 달리 본격적인 정치인의 길로 들
어섰다.

14

이명박 정부와
시민사회 운동

———

2007년 시민단체들은 도곡동 땅 문제와 다스 문제 등으로 이명박 후보는 대통령이 될 수 없는 인물이라며 반대 운동을 전개하고 있었다. 이명박 후보가 대통령이 되는 일은 절대로 있을 수 없다고 생각하는 사람들에게는 절박한 일이었지만, 당시 최장집 교수나 유시민 의원 같은 사람은 정권이 바뀐다 한들 이미 사회가 후퇴할 수 없을 정도로 성숙해 있다는 점을 강조하기도 했다. 이명박 후보가 당선되더라도 그 자체가 민주주의의 후퇴일 수는 없다고까지 했다. 지금 생각하면 안일한 판단이었다. 사회운동의 전환에 대한 관심이 컸던 필자도 '반대'하는 것이 주가 된 시민운동에 대해 그리 적극적으로 동참하지 않은 상태였고 시민운동의 새로운 기획과 시도를 위해 함께 논의할 그룹들을 찾아 나서는 데 더 관심을 두고 있던 때이기도 했다. 그런 가운데 대통령선거는 치러지고 이명박 정부가 들어서게 되었다.

시민단체의 돈줄을 끊어라

이명박 정부 초기, 정부와 정치권은 시민단체를 전방위로 압박했다. 정부와 다른 목소리를 내는 사람이나 단체에 대한 적대적 태도는 독재 정권 시절에나 볼 수 있었던 일인데, 정권이 바뀌자 단박에 현실이 되었다.

당장 정부의 각종 자문위원회에 이름을 올렸던 사람들이 내쳐지기 시작했다. 어느 단체의 사무처장은 자문하던 위원회가 없어져 버려서 정부와 소통할 길이 아예 사라지기도 했고, 달랑 팩스 한 장으로 자문 위원 역할을 더 이상 하지 않아도 된다는 통보를 받기도 했다. 자문 위원회를 만들고 민과 관 사이의 협력을 이야기하던 사람들이 하루아침에 관계가 단절되기 시작한 것이다. 뿐만 아니라 보이지 않는 압력들도 빠르게 나타났다. 시민단체들의 활동에 공감한다며 기부나 협찬을 해 오던 기업들이 곧바로 협찬을 중단하거나 협조 요청에 난색을 표하기 시작했다. 단체들의 재정이 어려워지기 시작한 것이다. 어차피 참여연대처럼 정부나 기업을 견제하고 감시하던 단체들은 정부나 기업의 후원을 받고 있지 않았기 때문에 별다른 차이가 없었지만 나눔운동을 하는 단체나 복지단체, 여전히 연구 조사나 캠페인이 적지 않았던 환경단체 등은 활동이 어렵게 되었다. 2008년 촛불 시위 이후에는 정부 프로젝트에 관련 시민단체들은 아예 참여 자체가 어렵게 되었고, 공모사업에도 지원할 수 없게 되었다.

박원순 변호사는 당시 포스코의 사외 이사로 있었다. 시민단체 일부에서는 기업에서 돈을 받는다고 문제 삼는 경우가 왕왕 있기는 했지만, 여하간 박원순 변호사는 여기에서 받은 돈 전액을 시민단체 활동을 위해 기부했다. 시민단체의 1세대 활동가들 중에는 이렇게 받게 되는 돈을 시민단체에 기부하는 경우가 적지 않았다. 그러나 이명박 정부가 들어서면서, 기업과도 우호적 관계를 맺고 있던 1세대 활동가들 대부분이 사외 이사 자리에서 물러나야 했다. 여기에도 이런저런 압력이 있었을 거라는 사실은 짐작하기 어렵지 않았다.

어느 날인가 시민단체연대회의 사무실에 있는데, 형사라는 사람이 사무실에 불쑥 찾아왔다. 전에는 경험하지 못한 일이었다. 왜 왔느냐 물으니 그냥 친하게 지내려고 왔단다. 나는 별로 친하게 지내고 싶은 생각이 없으니 돌아가라, 다시는 오지 마라 하고 내보내려 하는데도 끈덕지게 있으면서 친하게 지내면 서로 좋을 텐데 왜 그러냐는 것이었다. 혹 연대회의 활동이 궁금하면 홈페이지에 빠짐없이 소개하고 있으니 그걸 참고하고, 명백한 불법이 있을 때 영장 들고 오면 만날 테니 나가 달라 하니 그제야 못 이기는 척 나갔다. 이명박 정부가 들어서고 불과 몇 달만에 일어난 일들이다.

불통의 명박산성

이런 분위기에서 시민단체들은 사회적 의제를 제기하고 운동을 해나갈 공간과 기회 자체가 봉쇄되기 시작했다. 이명박 정부 초기의 광우병 쇠고기 수입 반대 운동, 한반도 대운하 반대 운동으로 시작해 4대강 개발 반대 운동, 각종 탄압에 대한 항의 운동으로 이어지는 반대 운동이 주된 내용이었다. 이처럼 시민단체들은 시민운동의 가치에 반하거나, 집회나 시위 현장에서 과도한 폭력, 정부를 비판하는 예술적 표현에 대한 규제 등에 대한 반대 시위로 연일 바빴다. 그러다 보니 시민단체들은 연신 '반대', '철회' 등의 주장이 담긴 성명서 발표와 시위 조직으로 시간을 보내게 되었다.

아무리 반대하고 문제를 지적해도 이명박 정부는 들은 척도 하지 않았다. '불통'은 이명박 정부를 상징하는 언어가 되었고, 광우병 쇠고기 수입 반대 운동 당시 광화문에 세워졌던 컨테이너 박스는 '명박산성'이라 불리며 국민과 대화하지 않는 이명박 정부의 상징이 되었다.

그 가운데 예외적으로 이명박 정부의 역점 사업이라 할 수 있던 한반도 대운하 사업이 변경되는 일도 있었다. 한반도 대운하 사업은 지속적인 시민사회의 반대로 결국 축소되어 4대강 개발 사업으로 변경된다. 대선 과정에서 공약으로 내세울 때부터 환경단체들의 반대에 부딪혔던 대운하 사업은 이명박 정부 출범 이후에도 환경단체들이 모든 역량을 모아 저지하려 한 사업이었다. 이 사업이 변경되는 과정에서 큰 역할을 한 것은 환경운동연합 등 환경단체들의 노력뿐 아니라 〈생태지평〉이라는 단체의 끈질긴 문제 제기였다. 〈생태지평〉은 인터넷 신문 오마이뉴스와 함께 이명박 정부가 모범으로 삼던 독일의 '라인-마인-도나우 운하(RMD운하)'를 직접 찾아 운하의 구체적인 실상과 운하 건설에 대한 현지의 회의적 반응을 소개함으로써 여론 환기에 적지 않은 역할을 했다. 이처럼 구체적인 문제 제기와 반대 근거를 제공한 것은 시민단체들이 반대를 위한 반대를 하는 것이 아님을 보여줬다는 점에서도 의미가 컸다.

한반도 대운하 사업의 변경이라는 예외적 경우 말고 이명박 정부는 어떤 의제나 이슈에서든 시민단체들의 주장을 외면하고 이런 주장들은 좌파 종북 세력의 주장이라며 척결해야 한다는 것이 일관된 태도였다. 정부의 이런 태도는 2008년, 2009년 내내 시민단체들을 1980년대처럼 연일 집회와 시위에 나서게 했다. 그런 점에서 정치에 중립적이었던 시민단체들까지 '정치'의 중요성을 알게 해준 것이 이명박 정부이기도 하다. 이미 확보한 민주주의라도 정치 권력에 따라 얼마든지 역진할 수 있다는 것을 깨닫게 해 주었기 때문이다. 결국 연일 이어지는 집회나 시위에도 이명박 정부가 별다른 태도 변화를 보이지 않자, 시민단체들은 어떻게 하면 이런 전횡을 막을 수 있나 고민하다 2010년 지방선거라도 야권이 이기지 않으면 안 되겠다는 생각을 하게 된다. 2010년 야권을 연합하도록 하는 데 이바지한 〈희망과 대안〉은 그렇게 만들어졌다. 이 이야기는 뒤에서 좀 더 자세히 하기로 하겠다.

2008년 광우병 쇠고기 수입 반대 촛불 시위가 진행된 광화문광장에 들어선 컨테이너박스. '명박산성'으로 회자되면서 이명박 정부의 '불통'을 상징하는 조형물이 되었다.

15

촛불 시위가
시민운동에 던진 충격

시민운동을 하다 보면 '반대', '철폐', '철회'라는 주장이 주를 이루는 운동을 피할 수 없고, 때에 따라서는 이것을 주요하게 해야 하는 경우가 많다. 그러나 2008년 무렵에는 운동하는 방법이 바뀌어야 한다는 생각을 많이 하고 있었다. 물론 시민운동이 주장하는 가치나 방향이 문제였지 존재감이 약해졌다고 생각하지는 않았다. 오히려 변화된 시대적 조건에 따라 다른 과정과 방법으로 그 가치나 과제가 실현되도록 해야 하며, 익숙하고 관성적인 '조직'을 만들기보다 같은 생각을 공유하는 사람들이 함께 일할 수 있는 '공간'이나 '조건'을 만드는 일이 더 필요하다는 생각을 했다. 그래야 새로운 형태의 싱크탱크나 행동 조직들이 만들어지고 연결될 수 있을 것이라 생각했고, 그중에 먼저 해 보고 싶었던 것이 새로운 사람과 활동이 연결되도록 하는 '공간' 만들기였다. 같은 생각을 공유한 사람들이 함께 논의하고 작업할 수 있는 공간을 매개로 서로 '연결'되지 않겠느냐는 생각이었다.

당시로 보면 IT 영역의 개발자들이나, 비영리 영역에 대한 관심이 많았던 영리 쪽 사람들이 플랫폼이나 허브를 염두에 두고 공간을 만들려고 하거나 그런 움직임을 지원하려는 생각을 하기 시작했다. 그중 하나가 이재웅 사장이 다음을 그만두고 나와 만든 〈소풍(sopoong)〉 같은 소셜 벤처 회사였다. 또 연세대 조한혜정 교수가 주축이 되어 서울시의 도움을 받아 만든 청소년을 위한 중간 지원 기관 하자센터에 모여든 청년들이 이런 새로운 시도들을 모색하고 있었다.

공간과 사람들을 연결하는 새로운 방법과 그런 움직임에 대한 이야기는 책의 5부에서 좀 더 자세히 하기로 하자. 이런 생각들을 더욱 분명하게 해 준 것이 2008년 촛불 시위의 경험이므로 촛불 시위에 대한 이야기를 먼저 해보기로 한다.

광우병 쇠고기와 촛불 시위

먼저 광우병 쇠고기 수입 문제가 당시 큰 사회적·정치적 쟁점이 되었던 이유를 간략히 짚고 넘어가는 것이 좋겠다. 특히 미국산 쇠고기가 문제가 된 것은 2003년 미국에서 광우병에 걸린 소가 발견되면서부터였다. 이후 미국산 쇠고기 수입은 금지와 해제가 반복되고 있던 문제였다. 이명박 정부 이전인 노무현 정부 때 농림부 관계자들은 TV 토론에 나와 검역 강화 정책을 강력히 주장하기도 했다. 그러나 2008년 4월 한미 간 협상에서 미국산 쇠고기 수입이 대부분 자유롭게 이루어진다고 하자 논란이 일어났다. 특히 광우병에 대한 MBC 〈PD수첩〉의 보도는 커다란 사회적 논란을 가져 왔다. 광우병에 걸린 소의 모습이나 인간 광우병에 걸린 것으로 추정되는 환자의 모습을 방영한 것은 미국산 쇠고기에 대한 국민들의 불안과 우려를 증폭시켰고, 논란은 확산되었다. 이에 대해 정부는 국제수역사무국(OIE)의 기준을 따른 협상이었으므로 문제가 없다는 태도로 일관했다. 그러나 비슷한 협상을 한 일본이나 대만의 경우는 국제수역사무국보다 엄격한 기준을 적용했거나 적용하려 했다는 것이 알려지면서 상대적으로 우리 정부가 국민 건강을 소홀히 하고 있다는 의구심이 커졌다.

특히 이명박 대통령의 '안 사먹으면 된다'는 식의 발언은 대통령이 국민 건강을 어떻게 생각하고 있는지 드러내는 발언이어서 국민을 더욱 분노하게 만들었다. 광우병에 대한 과학적 논란은 여전했고, 당시 광우병에 대한 각종 언론 보도나 전문가들의 견해도 엇갈리며 논란이 확산되었지만, 2008년 6월 관보에 미국산 쇠고기 수입위생조건 수정안을 고시했으나 실질적인 조치는 없는 것이어서 국민들의 정부에 대한 반대가 더욱 거세졌다. 결국 이명박 대통령이 국민들에게 사과하기에까지 이르렀지만, 이후 촛불 시위에 참여했던 일반 시민들까지 탄압했다. 결국 시위가 잦아들던 2008년 7월 '광우병 위험 미국산 쇠고기 전면 수입을 반대하는 국민대책회의 (광우병국민대책회의)' 관계자들이 구속되거나 수배되는 것으로 마무리되었다.

광우병 쇠고기 문제의 성격이나 해결 과정과는 별개로 촛불 시위 자체가 시민단체들에게 준 충격은 작지 않았다. 여기서는 촛불 시위가 시민운동에 던진 문제 제기라고 할 만한 측면에 대해 짚어 보려 한다.

시민단체 깃발을 쫓아가지 마라

2008년 4월 마지막 주말쯤으로 기억한다. 참여연대 김민영 사무처장에게서 전화가 왔다. 다음의 아고라 같은 곳에서는 광우병 쇠고기 논란이 거세지고 있던 시기라 시민단체들도 어떻게 대응할지 부분적으로나마 이런저런 논의가 있던 때였다. 김민영 처장은 시민단체 관계자들이 참여연대 사무실에 모여 이야기를 나누자고 제안했다. 논의하던 중 5월 초에 청계광장에서 촛불 시위가 열린다고 하는데 누가 준비하는지 모르겠다는 이야기가 나왔다. 여기저기 관련 단체들에 문의를 해 보았지만 아는 곳이 없었다. 그래서 일단 다들 청계광장 시위에 나가 보기로 했다.

대개 큰 규모의 항의 집회나 시위는 꼭 시민단체가 주최하지 않더라도 대개 사회단체들의 네트워크를 통해 어디가 주최하고 어떤 이슈로 준비되는지 미리 알 수 있었고, 설령 모르더라도 집회 현장에 나가 보면 어떤 사람들이 주도하고 있는지 알 수 있었다. 그러나 그날은 달랐다. 사회를 보는 사람도 집회를 준비하는 실무 인력도 도통 아는 사람이 없었고, 딱히 주최 단체라고 할 만한 곳도 없었는데 수백 명의 사람들이 나와 있는 데다, 가지각색의 피켓을 들고 있었다. 기존의 시민단체가 주최하는 집회와는 전혀 다른 양상의 집회였다. 이후 연일 계속된 집회에 점차 참여자가 늘어나면서 시민단체들도 자기 깃발을 들고 나오기 시작했는데, 어느 날은 집회 사회자가 참여자들에게 시민단체 깃발을 쫓아가지 말라고 하여 상처를 받기도 했다. 집회는 '아프리카TV'로 생중계된다는데 그 채널이 몇 번인지도 알 수 없었다. 당혹스런 상황과 낯선 풍경들의 연속이었다. 도대체 이 사람들은 어디서 쏟아져 나왔으며 어떻게 준비해서 나오는 것인지 알 수 없었다. 다음의 아고라에서 논의가 이루어지고 있다 하여 다들 아고라에 들어가 보았지만 도통 어떻게 논의에 끼어들어야 하는지 알기 어려웠다.

어찌 보면 이런 집회는 나름 시민단체들의 전문 영역이랄 수도 있는 것인데, 자발적으로 나선 시민들이 무질서해 보이지만 문화적으로 훨씬 풍성한 집회를 만들고 정말 다양한 방법으로 의사를 표현하는 것을 보며 충격을 받지 않을 수 없었다. 필자 역시 얼마 전까지 그렇게 열심히 변화를 이야기했음에도 불구하고 그 변화들이 이렇게 나타날 수 있다는 사실을 모르고 있었던 셈이다.

이후 시민단체들은 광우병국민대책회의를 구성하고 시민들이 자기 의사를 표현할 수 있도록 정말 열심히 도왔다. 시민단체들이 기획하고 주도해서 만든 집회나 시위가 아니었기 때문에 시민들의 자발적 참여가 유지되도록 돕고 지원하는 것이 주된 일이 될 수밖에 없었고, 개별 참여자로 참여할 수밖에 없었다. 민변이 시위로 인해 경찰에 잡혀가는 사람들을 변론하고 재판을 돕는 것을 비롯해서 참여연대 등은 큰 규모의 시위가 만들어질 때마다 준비를 돕는 등 헌신적으로 참여했다. 뒤로 갈수록 시민단체들이 중심이 되면서 자발적 참여의 규모가 줄어들고 결국은 박원석 참여연대 사무처장 등이 구속되면서 촛불 시위도 정리되어 갔지만, 시민단체들은 이날 이후 자신들과 유리된 시민들의 소통 공간이 인터넷에 있었다는 사실을 깨닫고 홈페이지를 정비하고 인터넷 팀을 설치하는 등 변화에 조응하기 위한 노력을 시작한다.

필자에게도 촛불 시위는 여러 가지를 다시 생각하게 만들어 주었다. 연일 정부에 대한 '반대'로 정신없던 중에 어디선가 불쑥 솟아오른 것처럼 보였던 2008년의 촛불 시위는 시민운동에게 무엇을 이야기해 주고 있는 것일까?

16

2008년
촛불 시위가
사회운동에 남긴 것[14]

한국의 사회운동을 돌아보면 운동의 시기를 구별짓는 특정한 역사적 사건들이 있다. 4·19혁명, 전태일의 분신, 광주민주화운동, 1987년의 6월항쟁이 그랬다. 2008년 촛불 시위는 물론 학문적 연구와 논의가 더 필요하겠지만, 다른 사건들처럼 그 사건 이전의 운동과 이후의 운동이 달라지는 지점에 놓여 있다고 할 수 있다. 예컨대 1987년 6월 항쟁으로 직선제라는 정치권력의 선출에 관한 절차적 민주주의를 획득한 이후에, 사회운동은 사회 모든 분야에서 새로운 흐름을 생성해 냈다. 1980년대 민주화운동과 민중운동의 흐름은 1987년 6월을 거치며 지금의 민주노총, 전교조, 한겨레신문 등을 탄생시키고, 조직적·정치적으로 성장하면서 제도 안으로까지 확장됐을 뿐 아니라 환경운동, 여성운동, 시민운동 등 새로운 과제를 내건 사회운동들이 본격적으로 성장하는 배경이 되기도 했다.

---

14 이 장과 다음 장은 2008년 8월 7일 정치사회학회 심포지엄에서 발표한 〈새로운 시민운동의 변환점〉을 초고로 한 《노동사회연구》 135호 기고문, 〈2008년 촛불 집회와 사회운동〉을 부분적으로 고쳐서 정리했다.

촛불 시위, 사회운동의 새로운 분기점

마찬가지로 2008년의 촛불 시위는 시민운동의 영역에서 성장해 왔
던 환경운동, 여성운동, 언론운동, 노동운동, 또 다른 여타의 운동들
이 2008년 촛불 시위 이전과는 다른 양상으로 발전해 나가도록 만
들었다고 할 수 있다. 언론운동의 경우 2008년 YTN과 MBC 등에
서 해고된 기자와 PD 들이 새로운 대안 언론 운동에 나서면서 〈뉴
스타파〉나 〈국민TV〉 등이 만들어졌다. 당시에 이미 해고자 복직이
나 '낙하산 사장' 선임 반대 등 방송사 지키기 운동으로만 그칠 것
이라고 생각한 사람들은 적었다. 여전히 이런 대안 언론들이 어느
정도 지속성을 가질 수 있을지는 지켜보아야 할 상태이기는 하지만
인터넷에서도 〈블로터닷넷〉 이후 〈ㅍㅍㅅㅅ〉나 〈슬로우뉴스〉, 〈고
발뉴스〉, 〈고함20〉 등 대안 매체들은 계속 확대되는 과정에 있다.

기존의 여성단체들이 페미니즘을 놓고 새로이 논쟁을 벌일 정도
로 여성운동에도 적지 않은 영향을 미쳤다. 2008년 인터넷을 매개
로 거리로 나왔던 여성들을 보면 여성운동단체의 여성들과는 사뭇
다른 분위기였다. 지금까지 운동의 주체이자 대상으로 보았던 여성
상과는 전혀 다른 여성들이 운동의 주체로 나섰고, 또 나설 수 있음
을 상징적으로 보여준 것 중의 하나가 바로 '하이힐 부대'의 등장이
다. 특히 '아줌마 부대'라 불린 그룹들은 생협을 매개로 한 주부들
이나 인터넷의 요리, 성형, 육아 등을 주제로 한 각종 동호회 성격
의 모임에 참여하는 여성들이었다. 여성운동으로서는 이 새로운 주

체들에 대한 고민을 하지 않을 수 없게 된 것이다. 에코페미니즘에 대한 여성운동의 관심은 이런 변화와 무관치 않아 보인다.

또 대학생들이 예전 같지 않다며 한탄했지만, 촛불 시위에 나온 청소년들의 움직임을 보며 이들이 장차 대학생이 되면 대학도 달라질 것이라 예측하기도 했다. 2010년대에 확산되는 청년들의 움직임은 청년들 개인이 촛불 시위에 참여했든 아니든 그 세대 공통의 역사적 경험으로 작용하고 있을 것이라고 추론해 볼 수 있다. 실제 〈청년허브〉를 매개로 한 서울지역 청년들이 한 달에 한 번 모이는 '청년참'에 연결된 모임은 2014년 현재 200개가 넘는다. 이런 모임을 만들고 참여하는 청년들 대부분이 촛불 시위 당시 중학생, 고등학생, 대학 초년생 정도의 나이였음을 쉽게 알 수 있다.

운동의 각 분야에서의 이런 변화와 더불어, 2008년 촛불 시위 이후의 사회운동은 의제 설정과 운동 방식에 있어서도 이전과 달라져 갔다. 1990년대의 시민운동을 넘어서는 새로운 사회운동이 등장하고 성장하기 시작하는 신호들이 본격화되어 나타난 것이다. 물론 기존의 시민운동에게 이런 변화는 위기이자 기회이기도 하다. 이 변화의 의미를 이해하고 대응한다면 기존의 사회운동은 대중과 더 깊이 결합한 사회운동으로 거듭날 수 있기 때문이다. 1990년대의 유력한 시민단체인 환경운동연합이나 여성민우회 등이 1980년대 민중운동 진영에서 시대적 변화를 감지하고 성장한 단체들이고, 경실련이나 참여연대를 구성한 주요한 세력들도 1980년대 민중운동의 세례를 받은 경우였다.

사회운동보다 앞선 능동적 시민들

2008년의 촛불 시위는 1990년대 우리 사회를 이끌어 온 핵심적인 사회 세력 중 하나인 시민운동을 비롯하여 노동운동 등 여타 사회운동에 대해서도 심각하게 문제를 제기한 사건이다.

2008년 5월의 첫 번째 촛불 시위가 기존의 시민운동 또는 다른 사회운동과 전혀 관계없이 시작되었다는 점은 그런 점에서 상징적이다. 당시 일반적으로 집회를 조직하고 운영하며 구호를 만들어 내는 일은 '운동가'의 일이지 참여하는 시민의 몫은 아니었다. 구호를 만들어 내기 위해서는 관련한 이슈에 대해 정보가 있어야 했고, 집회를 조직하고 운영하기 위해서도 나름의 노하우가 필요하기 때문이다. 그러나 시민사회단체들이 광우병국민대책회의를 만들어 결합하기 전에 이루어진 집회는 오히려 기존의 집회와 비교해 볼 때도 훨씬 창의적이고 활기차며, 신나는 놀이터로 누구나 쉽게 참여할 수 있는 공간이었다.

어떻게 이런 일이 가능했을까? 이를 구호를 만들어 내기 위해 필요한 정보라는 측면에서 본다면, 시민사회단체들이 아는 정보나 시민들이 아는 정보나 그리 큰 차이가 없었다. 이미 시민들은 인터넷과 방송을 통해 광우병 쇠고기 문제에 대해 충분한 정보를 접할 수 있었다. 집회를 조직하고 운영하는 노하우 역시 2002년 월드컵을 통해 전 국민적으로 학습되어 있었다. 피켓을 만드는 일도 좋아하는 연예인이나 스포츠 스타를 위해 충분히 해 본 일이었다. 이에 따라 딱딱하고 건조한 시민단체들보다 훨씬 생동감과 친밀감이 있는 구호들과 다양한 피켓들이 나타났다. 특별히 시민사회단체들이 앞서서 해 주길 기다려야 할 아무런 이유가 없었던 것이다. 따라서 1990년대의 시민운동과 사회운동이 이렇듯 2008년 촛불 시위에서 드러난 시민들의 적극적인 모습을 제대로 이해하지 못한다면, 새로운 운동의 흐름에 자리를 내주는 것도 그리 이상한 일이 아닌 것이다.

2008년의 촛불 시위는 사회운동에만 문제를 제기한 것이 아니다. 2008년 4월 총선의 투표율 46%가 이미 예고를 한 것이기도 하지만 촛불 시위는 정부나 의회, 정당이 현재의 대의민주주의 체제를 제대로 운영하고 있지 못하고 있음을 확인해 준 셈이기도 했고, 유권자인 국민들의 신뢰를 받지 못하고 있다는 것을 드러내 준 사건이기도 하다. 행정과 정치 체제의 변화도 반드시 필요한 우리 사회의 과제가 되었지만 여전히 변화를 선도하기는커녕, 변화 자체를 가로막는 장해물의 상태에 놓여 있는 것이 현실이다.

담론과 일상이 만나다

그런 점에서 보면 2008년 촛불 시위는 사회운동의 입장에서 주목해야 할 몇 가지 특징을 가지고 있다.

첫째, 담론과 일상이 만나고 있었다는 점이다. 이를 삶의 정치 또는 생활 정치의 이슈라고 부르기도 하는데, 2008년의 촛불 시위는 그동안 개인으로서는 어느 정도 무임승차가 가능한 '제도의 문제'로 이해됐던 국민의 건강권 문제가, 사실은 일상적인 '삶의 문제'라는 점을 개인들에게 확인시켜 줬다. 특히 그간 필요한 제도와 정책을 도입하거나 실현하는 것을 사회적 의제 해결 방법으로 보고 입법 운동이나 정책 대안 제출이라는 형식으로 풀어 가던 시민운동의 경우, 시민들이 사회문제를 내 삶의 문제로 보고 직접 문제를 제기하고 나섰다는 점에 더욱 주목해야 한다.

시민들의 이런 인식의 변화가 행동으로 나타난 것 중의 하나가 생협 조합원의 확대라고 할 수 있다. 실제 한살림이나 아이쿱생협은 2008년 이후 조합원이 급증했다. 이렇게 의료, 교육, 환경 등 이제는 우리 사회에서 주요한 의제가 된 이슈들은 사람들의 일상적 삶과 직결되어 있다는 점에서 광우병 쇠고기 문제로 제기된 건강

〈그림2〉 아이쿱생협 조합원 수 추이

(명)

400,000 / 200,000 / 180,000 / 160,000 / 140,000 / 120,000 / 100,000 / 80,000 / 60,000 / 40,000 / 20,000 / 0

212,550
189,589
170,127
155,705
118,824
76,289
47,830
32,253
19,971
16,808
14,926

2004 2005 2006 2007 2008 2009 2010 2011 2012 2013 2014 (연도)

－아이쿱생협연합회 총회 자료집, 2014.

권 문제에 대한 담론은 일상과 더욱 자주 만나게 될 것이라는 것을 예고해 주었다.

둘째, 2008년 촛불 시위에서는 이전까지 우리가 흔히 보아 온 운동의 단일한 중앙 지도부가 존재하지 않았다. 이명박 정부는 촛불 시위가 마무리되고 나서도 배후 세력을 찾으려 안간힘을 썼지만 찾지 못했다. 사실 2008년 촛불 시위 집회에 전통적인 의미의 배후가 없다는 것은 이명박 대통령을 비롯한 정부와 한나라당, 경찰을 제외하고는 모두가 아는 사실이다. 당시 진보연대라는 단체의 사무실을 뒤져서 '촛불 집회 계획서'라는 것을 찾았다고 수선을 떨었는데, 그것이 실제 계획서도 아닐 뿐더러 설사 계획서라 하더라도 촛불 시위가 어느 한 단체의 계획서대로 움직이지 않았음은 누구라도 알 수 있는 일이었다.

오히려 인터넷의 특성 중 하나인 '자기조직화'의 논리로 해석하는 것이 훨씬 설득력 있다. 집회에서 한 사람의 행위가 전체의 행위로 번지는 모습이 특히 그러하다. 한 사람이 집회 현장에서 (컴퓨터 입력 장치인) '마우스'를 끌고 다니는 모습이 인터넷에 오르면, 다음 날 집회에서는 누가 시킨 것도 아닌데 많은 사람들이 안 쓰는 마우스를 끌고 다니는 모습을 볼 수 있었다. 어느 집에 '광우병 쇠고기 수입 반대'라고 적힌 현수막이 걸려 있는 모습이 알려지면, 어느새 비슷한 현수막이 전국 곳곳에 걸린다. 이는 단일한 지도부가 일사분란하게 명령을 내린다고 실행될 수 있는 일이 아니다. 전통적인 의미의 중앙 지도부 없이도 일사분란해 보이는 행동 통일이 이루어졌다는 점에서 기존의 시위 전개와는 다른 것이었다.

셋째, 기존 조직과 집단의 권위에 대한 신뢰가 약했다는 것이다. 이는 앞에서 언급한 지도부가 없다는 점과 연결되기도 한다. 2008년 6월 10일 대규모 시위 이후 이명박 정부의 탄압으로 주춤하던 촛불 시위를 천주교 사제단의 미사가 이어 가면서 시민들의 지지를 받기도 했지만, 2008년의 촛불 시위에서는 전반적으로 기존 조직과 집단이 시민들에게 과거와 같은 신뢰를 받는 상황은 아니었다. 광우병국민대책회의가 집회를 마치고 해산을 종용할라치면 "너희나 집에 가!"라고 한다든가, 집회 도중이라도 다른 시위 공간으로 이동하고 싶은 사람들은 자유롭게 이동한다든지, 또 광우병 쇠고기 수입 문제로 시위가 시작되기 전부터 의정 활동에서 이 문제를 제기해 왔던 강기갑 의원을 제외하고는 정치권 누구도 집회에 나서지 못했다든가, 집회 초기에 조직과 집단의 깃발을 앞세우는 것을 거부했던 것 등이 그런 현상을 말해 주고 있었다.

넷째, 여론이 형성되는 과정과 경로가 기존과 달랐다. 실제 2008년 광우병 쇠고기 수입 문제로 촛불 시위가 이루어지기까지 여론이 형성되는 과정에서, 조금 과장되게 말하자면 시민사회단체들은 '소외'되어 있었다고 할 수 있다. 인터넷을 매개로 이루어지는 미국산 쇠고기 수입 문제에 관한 논란에 참여하지 못했기 때문이다. 촛불 시위가 아니었다면 들어 보지 못했을 인터넷상의 모임과 카페들, 다음의 아고라 등에서 시민사회단체들은 그리 적극적인 활동체가 아니었기 때문이다. 과거에는 시민사회단체들이 토론회나 기자회견을 하고 입법청원을 하면, 이를 기존 언론이 보도하고 논란이 되면서 사회적 여론이 형성되고 정책으로 실현되는 수순이던 것이 2008년에는 전혀 다른 과정으로 전개되었다. 물론 애초 문제를 제기했던 보건의료단체들은 전통적 방식으로 열심히 문제를 제기해왔고, 그 결과 주요한 국면에서 여론이 형성되는 데 결정적인 역할을 했다고 할 수 있다. 하지만 주로 이들의 견해가 '퍼 날라졌던' 것이지, 인터넷의 여론을 이들이 '조직'한 것은 아니었다.

다섯째, 다양한 가치 지향을 가진 집단과 사람들이 특정한 사안을 중심으로 만나고 헤어지는 양상으로 전개되었다. 광우병국민대책회의라는, 네티즌들도 참여한 시민사회단체 중심의 연대 기구가 만들어지기는 했지만 이 기구는 기존의 성격과는 달랐다. 말 그대로 '회의체'였다. 그동안에도 존재했던 사안별 연대 기구와도 성격이 달랐다. 광우병국민대책회의 안에 다른 의사결정 기구가 있었던 것이 아니어서, '상황실'이라는 집회 실무를 담당하는 기구가 마치 '지도부'처럼 보이기도 했지만 이는 착시 현상일 뿐이었다. 촛불 시위 과정에서 보였던 일반적인 모습은, 가치와 지향이 전혀 다른 집단들이 한 가지 사안을 중심으로 제각기 다른 의사결정 과정을 거쳐 한 공간 안에 모여드는 것이었다. 한 번 참여했다고 지속적으로 참여한다는 보장도 없고, 그것을 의무로 강제하는 곳도 없었다.

여섯째, 엄숙주의가 파괴된 집회 문화가 일반적이었다. 새삼스런 묘사가 필요 없을 정도로 풍자와 해학, 놀이가 어우러진 집회 모습은 이전과는 전혀 달랐다. 마우스를 끌고 다니는 행위나 소위 '닭

2008년의 촛불 시위는 시위의 성격과 문화도 다르게 만들었다. 반대를 위한 투쟁을 넘어 같은 가치에
공감하는 공동체 구성원들의 축제이기도 했다. 사진은 촛불 시위 당시 광화문 한복판에서 드럼을 치며
흥을 돋우는 시민의 모습이다.

장투어', '온수구호' 등은 이전의 집회에서 보기 어려웠던 상상력의 발현이었다. 이제 이런 경험을 한 시민들에게 일정한 틀에 맞추어진 현수막과 구호의 낭독으로 이어지는 관성적인 집회는 더이상 영향력과 파괴력을 갖기 어려울 것이다.

일곱째, 집단적·조직적 참여도 중요한 역할을 했지만, 무엇보다 '개인'의 결정과 참여가 주요한 흐름이었다는 점이다. 물론 2008년 촛불 시위 이전부터 인터넷에서 '개인'은 조직과 집단 이상으로 영향력을 발휘할 수도 있음을 확인시켜 주었다. 대규모 촛불 시위의 출발이 되었던 2002년의 두 여중생 사망 사건 때의 촛불 시위도 인터넷상의 한 사람의 제안으로 시작되었고, 2008년 촛불 시위 역시 어느 고등학생의 제안으로 시작되었다. 수많은 개인들이 다음의 아고라 토론방과 MBC의 〈100분 토론〉 게시판, 각종 카페와 블로그에서 논의에 참여하기도 하고 지켜보기도 하면서 나름의 판단과 결정을 내린 후에 오프라인 공간으로 쏟아져 나온 것이다. 의무와 강제에 의한 것이 아니라, 자신의 판단에 의한 자발적인 참여가 다양한 형태로 이루어지고 있었던 것이다.

이런 변화들은 확실히 이전의 운동 방식이나 주장들과는 다른 것이었다. 2000년대 들어 조금씩 성장하고 확장되어 가던 1990년대의 운동과는 다른 주체들이 2008년 촛불 시위를 통해 급속하게 모습을 드러낸 것이었다.

17

2008년
촛불 시위 이후의
시민운동

2008년 촛불 시위에서 드러난 이런 모습들은 시민사회운동이 어떻게 변화해야 할지를 보여주는 단서들이라고 할 수 있다. 그런 점에서 2008년 이후 시민사회운동은 모든 지점에서 변화를 모색해야 했다. 가치에 기초한 의제의 생산 과정, 그에 따른 운동 방식의 변화, 소통 방식의 변화, 운동 주체의 변화를 위한 전략이 중요하게 준비되어야 했다. 그 방향은 정책 대응 운동에서 대안 운동으로, 중앙 권력 일변도에서 지역 정치까지, 제도 중심에서 생활 문화 운동으로의 변화 또는 확장이라고 할 수 있다.

새로운 시민운동의 조건

이를 위해서는 첫째, 가치에 기반하되 제도의 도입이나 사회 구성의 변화를 인식한 의제 생산을 해 나가는 것이 더욱 중요해졌다. 물론 단순한 정책 대응 운동이 아니기 위해서는 우리 사회 변화에 대한 구조적 천착이 반드시 필요하다. 특히 '변화하는 환경'에 주목해야 한다. 남북 관계의 변화, 이미 깨져 버린 학교 평준화 시스템이 가져올 변화, 이주 노동자로 인한 인구학적 변화, 비정규직이 이미 노동자 계급의 다수를 차지하는 노동자의 존재와 인식의 변화, 기후변화 등등, 과거와 다른 사회 구성의 '변화'에 주목하는 것이 중요해졌다. 1인 가구의 확산과 이주민이나 노인 인구의 증가 등은 사회가 필요로 하는 제도와 정책이 이전과 또 달라져야 함을 말해 주고 있고, 기후변화가 가져오는 재난에 대한 대처나 에너지 문제도 정책의 전환 없이는 해결해 가기 어렵다. 도시 개발과 관련해서도 폐기된 뉴타운식의 개발 전략과는 다른 전략이 필요하게 되었고, 무상 급식이나 기초노령연금이 도입되면서 복지 시스템의 진전을 위한 정책의 내용이 달라져야 한다. 이런 의제들은 사회의 성장과 그에 따른 구조의 변화, 기술의 진전에 따른 삶의 양식 변화 등에 따라 다르게 나타나고 있는 것이라 사회운동은 이런 변화를 통찰해 내는 것이 중요할 수밖에 없다.

둘째, 깃발이 내걸린 하나의 조직이 아니라 사회적 세력으로서의 네트워크가 필요하다는 것을 이해해야 한다. 어떤 가치 지향을 가지고 어떻게 문제를 해결하자고 할 것인가를 중심으로, 사회운동이 어떠한 새로운 '세력'과 네트워킹해야 하는가를 적극적으로 고민해야 한다는 것이다. 이를 위해서는 기존의 운동 방식에 대한 근본적 성찰이 필요하다. 즉, 과거에는 이미 만들어진 의제를 제기하고 여론화하는 방식이었다면, 지금은 의제를 만들고 형성해 가는 과정이 곧 운동을 조직화하고 네트워킹하는 과정이 되어야 한다는 것이다. 이것이 2008년 촛불 시위가 가르쳐 준 것이기도 하다. 누군가 어떤 계획이나 프로그램을 내는 것이 중요한 것이 아니라, 프로그램이 만들어지는 과정이 중요한 것이다.

따라서 운동 전체가 하나의 깃발 아래 뭉칠 것이라는 과도한 기대도 버려야 한다. 다원화된 가치 지향들이 한 가지 가치로만 묶일 수는 없는 일이기에 더욱 연대와 네트워크가 중요하다. 그 경험과 족적이 쌓이면서 서로 다른 가치에 기초한 주장들의 공감대가 넓어지고, 사회적으로 수용 가능한 정책적 대안들이 운동 내부의 주장이 아니라 사회적 요구로 받아들여질 것이기 때문이다. 아니 이미 세상은 그렇게 움직이기 시작했기에 더욱 그렇다.

셋째, 담론과 일상이 만나는 운동이 되어야 한다. 기존 1990년대의 시민운동에 대한 오랜 비판 중 하나가 '시민 없는 시민운동'이라는 것이다. 시민단체들의 주장과 구호는 어느새 시민들의 일상과 멀어지고 상근 운동가들만의 무거운 진지함으로 여겨지고 있다는 이야기다. 그러므로 풀뿌리 운동은 중요하다. 더구나 이미 '동네', '마을'을 무대로 움직이는 사람들이 확실히 늘어났다. 사는 곳과 살던 곳에 대한 기억을 살리고 기록하고 공간을 만들며 '관계'를 맺는 사람들이 늘고 있다. 조금이라도 더 나은 삶을 위해 우리 동네 어디선가 누군가는 꼼지락꼼지락 움직이고 있는 것이다.

그러나 풀뿌리 운동에 대한 이해가 지역 주민 운동으로 한정되어 있는 경우가 있는데, 그러다 보니 모든 운동가가 '지역으로 가야 하나' 하는 의문을 갖는 사람들도 있었다. 그러나 풀뿌리 운동이란 것이 지역적 범주로만 이해되어서는 안 될 뿐 아니라 풀뿌리 운동만이 운동의 전부는 아니다. 세계사적으로도 러시아의 브나로드운동을 비롯해 '민중 속으로 가야 한다'는 테제는 오래된 사회운동의 테제이기도 하다. 그러고 보면 우리 사회에서는 비정규직 노동자, 비정규직 지식인, 이주 노동자, 잘못된 교육제도 탓에 멍들어 가는 학생 등이 '풀뿌리'이다. 무엇보다 그들의 이야기는 우리의 미래와 직접 관련이 있다. 마침 2008년의 촛불 시위는 지역의 풀뿌리만이 풀뿌리가 아님을 보여주었고, 담론이 일상을 만났을 때 세상의 변화를 가져올 수 있다는 것을 설명하지도 않아도 될 만큼 충분히 보여주었다.

작게만 보였던 '마을'에서의 운동은 박원순 시장의 등장 이후 지역사회를 바꾸는 운동으로 성장하고 있고, 청년들이나 문화 기획자들, 영리 영역에서 출발하는 창업자들은 새로운 운동의 흐름들을 만들어 내고 있을 뿐 아니라 사회의 주요한 운동으로 자리 잡아가는 모습을 보여주고 있다. 민중운동이나 시민운동처럼, 이를 일컬어 무슨 운동이라 명명하고 있지는 않지만 최근 들어서는 뚜렷한 하나의 흐름이 되어가고 있다. 희망제작소의 이원재 소장이나 〈새로운사회를여는연구원〉의 김병권 전 부원장은 이를 사회 혁신 운동이라 부르고 있기도 하다.

넷째, 스스로 미디어가 될 수 있다는 생각을 가져야 한다. 1990년대 시민사회운동은 특별히 자신의 미디어에 주목하지 않아도 좋을 정도로 기존 미디어와 친밀했다. 시민운동의 경우에도 '언론 플레이에 능숙한 시민운동'이라는 평가까지 듣지 않았던가? 그러나 그런 시민운동조차 2000년 총선연대 활동을 정점으로 안티조선 운동을 거치면서 기존 미디어로부터 소외되기 시작했다. 여러 이유가 있지만 어쨌든 현재 기존 미디어와 시민운동은 1990년대처럼 우호적인 관계가 아니다. 이미 미디어 시장에서 막강한 영향력을 발휘하는 기존 미디어들이 과거처럼 시민운동을 다루어 주지는 않고 있다. 게다가 다른 매체에 의존해 시민들과 소통하려는 방식은 지금의 조건에 맞는 방식으로 보이지도 않는다. 아울러 새로운 커뮤니케이션 플랫폼의 등장으로 지난 시대의 거대 미디어들의 영향력도 점점 줄어가고 있다. 미디어에 대한 적극적인 대응을 하기 위해서는 기존 미디어에 대한 감시와 모니터에 그쳐서는 안 되며, 스스로가 미디어가 되는 것의 중요성을 인식해야 한다. 2008년 촛불 시위에서 보았던 것처럼 이미 수많은 사람들이 정보의 생산자이자 동시에 수요자이다. 또한 정보의 공급 과정 자체가 여론의 형성 과정이며 확산 과정이다. 미디어 자체가 운동의 조직 수단이기도 한 것이다.

2008년 촛불 시위는 '개인이 미디어'인 시대라는 점을 확인해 주었다. 아프리카TV의 개인방송, 블로그, 기존 플랫폼을 이용한 동영상 채널 등이 2008년에 위력을 보여주었지만 그 이후 트위터나 페이스북에 이어 카카오톡 같은 메신저 프로그램까지, 미디어 기능을 하는 플랫폼들은 더욱 많아졌고, 〈ㅍㅍㅅㅅ〉나 〈슬로우뉴스〉, 〈블로터닷넷〉 같은 새로운 미디어들도 성장했다.

시민운동과 정치를 다시 생각하다

2008년이 이렇게 지나가면서 연대회의 운영위원장이었던 필자는
적지 않은 고민에 빠졌다. 연대회의에 합류하기 전 하려고 마음먹
었던 일들이 이미 촛불 시위를 통해 시작되었음을 확인했기 때문
에 연대회의를 그만두고 얼른 애초 마음먹었던 일들을 시작하고
싶다는 욕구가 넘치는 한편, 약속했던 임기가 아직 1년 남았고, 이
명박 정부의 탄압으로 반대 투쟁에 시간을 보내야 하는 시민운동
의 현실을 타개하지 않고는 실상 새로운 기획도 설자리가 없을 수
있다는 생각이 교차했다.

그러나 어쨌든 2009년에 들어서서 새로운 운동의 기획을 위해서
라도 정치적 의미의 사회적 공간이 필요하다는 판단이 들었다. 늘
반대 투쟁만 하는 것이 아니라 새로운 창의적 시도를 할 수 있는
축소된 정치적 공간의 재확장이 필요했다. 그러자면 이명박 정부가
탄압 일변도의 정치 프로그램을 바꾸도록 강제할 수 있는 방법이
필요했다. 그것은 2010년 지방선거에서의 승리밖에 없었다.

2000년 총선연대 이후 10년 만에 다시 시민운동이 정치를 생각
해야 하는 시기라고 본 것이다. 물론 정치 개혁이라는 의제로 모여
들어 공세적으로 전개할 수 있던 총선연대 때와는 사회적 조건이

달랐다. 우리 사회가 확보하고 있던 시민적·정치적 자유의 공간을 이명박 정부가 퇴행하도록 만드는 것에 대한 수세적인 대응책이라는 점이 당시와 비교했을 때 큰 차이였다. 기본적인 사회권이나 정치적 자유마저 후퇴시키는 조치를 정말 아무 일 없다는 듯이 강행하는 이명박 정부를 보며 시민운동에서도 역시 '정치'가 중요하다는 생각을 하기 시작한 시기이기도 했다.

그러나 이런 생각은 그동안의 시민운동에 비추어 보면 파격적이기도 했다. 총선연대 이후 10여 년 동안 시민운동의 정치적 중립이라는 테제는 변하지 않는 것이라고 보았고, 누구나 당연하게 생각했으니 말이다. 특히 총선연대 활동을 통해 부패 정치인들에 대한 낙선운동이 성공적으로 치러진 이후 정치권이나 언론에서도 정치적 중립은 시민운동의 확고한 정체성 중의 하나로 여겼고, 시민운동 영역에서 일하는 사람들 자신도 그렇게 생각하고 있었다고 해도 과언이 아니다. 심지어 개인적 선택으로 행정부나 정치권에 진출하는 사람들이 마치 변절자인양 취급받는 정서도 그리 낯설지 않은 것이었다.

그러므로 시민운동이 다시 '정치'의 문제를 의제로 삼으려면 시민운동의 정치적 중립이라는 테제를 다시 들여다보아야만 했다.

4부

시민운동과 정치
– 정치적 '독립'은 있으나 '중립'은 없다

18

시민운동과
정치적 중립[15]

앞서 말한 것처럼 이명박 정부의 행태는 '시민운동은 정치적으로 중립이어서 정치에 관여하지 않는다'라는 시민운동의 불문율에 대해 근본적으로 회의하게 만들었다. 사실 이명박 정부 아래의 여기 저기서 문제는 '정치'라는 말이 터져 나오기 시작했다. 그 요구와 주문은 시민운동에도 예외가 아니었다. 그러나 시민운동의 정체성처럼 되어 버린 정치적 중립이라는 테제를 스스로 극복하는 것은 쉬운 일이 아니었다.

시민운동가의 정·관계 진출과 정치 중립 논란

시민운동의 정치적 중립이라는 테제의 성립 배경에는 한국 시민운동의 장을 열었다고 평가되는 경실련의 창립이 있었다. 경실련은

---

15 오마이뉴스에 2009년 2월 5일자로 기고한 기사, 〈시민운동은 꼭 정치적 중립을 지켜야 하나?〉를 기초로 수정하고 보완했다.

'시민운동은 기존의 민중운동과 달리 비정파적'이라고 규정했다. 물론 처음부터 시민단체들이 선거 참여 자체를 부정적으로 본 것은 아니었다.

1991년 처음 치러진 지방자치선거 당시, 시민단체 인사 10여 명이 "지방자치는 시민운동의 영역"이라며 지방의회 선거에 출마했지만 모두 낙선하고 말았다. 시민운동가들은 이때 직접 경험한 선거 문화의 후진성이야말로 정치 개혁의 주요 문제라고 인식했다. 그래서 공명선거 캠페인, 정책선거 캠페인 등을 벌이며 선거 문화와 정치 과정에서 공정한 룰을 확립하는 과제를 사회적으로 제기하기 시작했다. 이후 1990년대 내내 시민운동은 선거 때마다 공명선거와 정책선거를 주장함으로써 관련 선거법 개정에 영향을 주었고, 그만큼 선거 문화가 개선되는 데 기여했다.

그러나 동시에 시민운동의 개입은 선거까지만이고 정치에는 개입하지 않고 중립을 지켜야 한다는 인식은 이때부터 일반화됐다. 정치적 중립은 1990년대 시민운동의 중요한 특징이었으며 이를 통해 사회적 신뢰를 획득한 것도 사실이었다.

별다른 의심이 없던 이 문제가 논란이 된 것은 2000년 총선연대의 낙선운동 때문이었다. 언론과 정치권, 일부 시민단체 인사들까지 '낙천낙선운동'에 대해 시민운동의 정체성인 정치적 중립을 훼손하는 일이라고 비판했다. 그러나 당시 총선연대는 낡은 정치 문화의 개혁이라는 대의 위에 있었고 그것은 어느 특정 정당에 대한 지지나 공격으로 기획된 것은 아니었다. 총선연대 내부에서도 특정 정당에 대한 편향으로 읽히는 것에 대해 경계해야 한다는 공감대가 분명히 있었다. 따라서 총선연대에 대한 이런 비판이 정치적 사안에 대해 시민운동이 목소리를 내서는 안 된다는 것이라면 모르지만 처음부터 정치적 편향을 갖고 있었다고 말하는 것이라면 틀린 것이었다.

이런 이견에도 불구하고 시민운동 진영에서는 낙선운동이 정치적 중립의 틀 내에서 이루어진 정치 개혁이었다고 평가했고, 이후에도 정치적 중립은 변하지 않는 원칙인 것처럼 여겨졌다.

그런데 낙선운동 이후 앞선 김영삼 정부에 이어 김대중·노무현 정부 때 일부 시민운동가들이 개인적 결단에 따라 정·관계로 진출하는 경우가 많아졌다. 이는 이후 10년 내내 시민운동이 정치 편향 논란에 휩싸이는 단초를 제공했다. 시민운동은 그간 일관되게 정치적 중립을 지키고 있다고 주장했지만 '홍위병' 운운하는 당시의 한나라당과 보수 우익 인사, 그리고 조선일보·동아일보·중앙일보 같은 보수 언론의 무차별적인 공격에 그대로 노출됐다. 그러나 아이러니하게도 시민운동의 정치 중립을 주장하고 총선연대의 활동을 비판했던 시민운동 관계자들이나 '정치적 시민운동'을 격렬하게 성토했던 뉴라이트 계열의 시민단체 대표들이 연이어 정치권과 관계하거나 정·관계로 진출하기도 했다.

그때나 지금이나 시민단체나 시민운동가가 정치적 발언을 하기는 마찬가지인데, 2000년 이전에는 왜 이런 논란들이 없었을까? 그것은 우리의 정치 지형과 깊은 관련이 있었다고 본다. 1990년대까지 우리 정치는 지역과 보스에 기초한 보수정당들의 각축장이었다. 비슷한 정치적 지향을 가진 정당들이 상호 합의한 룰마저 지키지 않으며 정쟁하는 모습들이 우리 정치의 후진성을 보여준다는 사회적 공감대가 있었다. 따라서 시민단체들이 '심판'의 위치에서 정치권 전체를 견제해야 한다는 공감대도 컸다고 할 수 있다.

그러나 시민단체의 정치적 중립이라는 테제에 대한 회의는 조금씩 깊어지기 시작했다. 우선 2002년 대선 당시 정치인 팬클럽인 '노무현을 사랑하는 사람들(노사모)'의 출현이 끼친 영향이 있었다. '노사모'의 출현 앞에 정치 개혁이라는 같은 의제를 가지고 활동하는 것임에도 2002년 당시 대선유권자연대로 모인 시민단체들의 활동은 상대적으로 작아 보이기만 했다. 더구나 2004년 총선에서 민주노동당이 의회에 진출하면서 시민운동의 정치적 중립은 더욱 초라해지기 시작했다. 정책 비교를 해 보아도 민주노동당이 훨씬 시민운동에 가까웠지만, 정책 평가 결과를 발표할 때 '실현가능성'이라는 항목을 내세워 다른 정당에 비해 낮지 않다는 평가를 내리곤 했다. 어떻게 보면 작위적이랄 수도 있는 시민단체들의 이런 결정 뒤에는 어느 한 정당으로 편향되면 안 된다는 정치 중립의 족쇄가 작용했다고 보아야 한다.

우리나라 최초의 정치인 팬클럽으로 평가받는 '노무현을 사랑하는 사람들의 모임(노사모)'이 작고한 노무현 대통령의 추모제에 참여하고 있다.

좋은 정치 세력을 만드는 일이 사회 개혁

이렇게 정치·사회적 조건이 이미 가치를 중심으로 나뉘어 갈등과 협력을 반복하는 시기에는 사실 정치적 중립이 설 자리가 없다. 시민운동의 요구 자체가 이미 특정한 가치를 지향하는 만큼 그 행위는 기본적으로 정치적일 수밖에 없다. 더구나 이미 시민운동은 그 가치 지향이 다양한 세력이기도 하며, 그에 기반한 다양한 정치적 행위들을 조직해 왔다. 물론 여전히 정치적으로 중립을 표방하며 경쟁의 룰에 관한 주장과 요구를 중심으로 운동하는 단체들도 있다. 그러나 사회 개혁에 관한 각종 요구를 내걸고 활동하는 경우, 이미 특정한 가치를 지향하는 정치 세력들이 권력을 향해 움직이는 한 시민운동이 기계적인 정치적 중립을 말하기는 어렵다.

시민운동이 지향하는 가치를 오롯이 대변하려고 하는 정당으로는 현재 녹색당이 있다고 할 수 있지만 아직 의회 진출이 이루어지지 않은 탓에 정치적으로 그리 주목받지는 못하고 있다. 사실 어느 정당이든 시민운동이 지향하는 내용을 부분적으로라도 담고 있지 않은 정당은 없다. 대개는 야당들이 제한적이나마 시민운동이 지향하는 가치와 제기하는 의제들을 더 많이 담지하고 있어 상대적으로 시민단체들은 야당과 가까워 보일 수 있다. 마찬가지로 최근에는 보수적 지향의 시민단체들이 많아져 새누리당과 가까운 시민단체들도 얼마든지 보게 된다. 이미 이런 보수적 시민단체들의 활동으로도 정치적 중립이라는 테제는 실효성이 없음을 확인할 수 있을 것이다.

그러나 오랜 시간 시민운동은 정치적으로 심판 노릇을 하려 하거나 아예 관객의 위치에 서 있었으므로 낙선운동 이후 10여 년 가까이 정치 개혁에서 특별한 영향력을 발휘하지 못했다. 2000년대 선거에서의 낮은 투표율이 말해 주듯이 시민들은 정치의 관객으로 전락했고, 시민운동도 그다지 다르지 않았다.

그러나 시민운동이나 시민이 정치를 외면할 때 공동체 전체의 이익을 향한 주장과 목소리는 정치 영역에서 소외되거나 배제된다. 이명박 정부와 박근혜 정부를 관통하는 경제지상주의 정책들이 이를 잘 보여준다. 빈부 격차 심화와 사회 양극화, 생태적 위기, 공동체성의 파괴 등은 시민이 배제된 정치의 결과물이다.

이명박 정부의 등장과 더불어 2008년의 촛불 시위는 대의정치제도의 변화에 대한 요구가 절실하다는 것을 확인시켜 주었다. 시민들이 선거에서 누구를 뽑을지에 머무르지 않고, 스스로 정치의 주체로 참여할 때만 사회를 바꾸어 낼 수 있다는 점을 확인한 것이다.

시민운동은 더 이상 좋은 정치 세력을 만드는 일을 중립이라는 구실로 외면하기 어려워졌다. 좋은 정치 세력을 만드는 일은 이제 우리 사회를 개혁하는 길이기도 하다. 여전히 시민운동이 곧 정당이 되고 정파가 되는 일은 없겠지만, 밑바닥에서 좋은 정치인을 뽑고 제대로 된 가치를 지향하는 정치가를 만드는 일에 영향을 발휘하는 것은 가능하다. 또 그래야만 기존의 정당들이 독점하고 있는 현재의 정치 구조를 변화시킬 수 있다.

이런 생각에 도달한 시민운동 진영은 2010년 지방선거 때 어떤 방식으로 선거에 참여할지를 두고 논란을 벌이게 된다. 크게 세 갈래의 흐름이 있었다고 기억하는데, 시기적으로 반드시 일치하지는 않는다. 우선은 〈희망과 대안〉으로 대표되는 일종의 개입 전략이 있었다. 직접 정치에 참여하지는 않지만 정치권에 직접적 압력을 가해 선거에서 변화를 만들도록 하자는 흐름이었다. 다른 하나는 〈희망과 대안〉에 이어 나오는 흐름으로 아예 정치적 시민단체를 만들어 시민 정치 운동을 하자는 흐름이었다. 이후 이 흐름은 〈내가 꿈꾸는 나라〉라는 정치적 시민단체를 만들어 활동하게 된다. 다른 하나는 직접 선거에 참여하자는 주장이었다. 이 흐름은 실제 선거에 나설 후보가 없거나 적다는 점에서 행동으로 옮기지는 못했지만 2011년 서울시장 보궐선거에 박원순 후보를 도와 선거운동에 참여하는 흐름으로 이어지게 된다.

그러나 이 모든 흐름에 시민단체가 직접 참여할 수는 없었다. 시민단체들은 이미 규약과 정관에 정치적 중립 또는 정치활동 참여 금지 조항을 갖고 있기 때문에 당장 정치에 직접 참여하거나 관련 활동을 하는 것은 불가능했다. 따라서 대개 이런 활동은 개인 자격으로 참여하는 모양새였고, 시민단체의 현직 상근자들보다 전직 상근자들이 활동의 중심이 되었다.

물론 우리나라를 포함해 어느 나라든 시민단체가 직접 정치에 참여하지는 않는다. 시민단체들은 대개 정치적 성향이 다양한 회원들의 회비나 기부금으로 운영하고 있기 때문에 특정한 정당의 지지 세력이 될 수는 없다. 그렇게 되면 정당이나 정당 외곽조직과 다를 바 없기 때문이다. 미국은 기부금에 대한 세제 혜택과 관련한 조항으로 시민단체의 정치 활동을 규제한다. 여기서의 정치 활동이란 특정한 정당을 위한 활동이나 특정 정치인을 위한 활동, 선거 캠페인 참여와 지원 활동 같은 것을 말한다. 그래서 정치적 활동을 하려면 아예 처음부터 기부금에 대한 세제 혜택을 받지 않고 활동하는 단체를 만들거나, 자신들이 내거는 의제를 입법화하려고 할 경우에는 따로 정치활동이 가능한 단체를 조직하기도 한다. 특히 미국에서는 로비가 합법이기 때문에 이런 단체들이 입법 로비를 하는 것은 자연스러운 일이다. 더 나아가 정치적 목표를 가지고 정계로 진출하거나 압력을 가하는 경우도 있다. 부시에 반대하며 활동했던 민주당 성향의 무브온(Move-on)이나 공화당 성향의 티파티가 그런 예이다. 이들 모두 강력한 풀뿌리 조직들을 기반으로 활동했고, 티파티 중에서 가장 큰 규모의 정치 행동 위원회인 '티파티 익스프레스'의 경우에는 공화당을 통해 상하원 의원으로 수십 명이 진출하기도 했다.[16]

개인들도 행정부나 의회에서 일하다가 시민단체에서 일하기도 하고 반대의 경우도 있다. 유명한 정치 개혁 단체인 코먼코즈(Common Cause)도 설립자가 의회에서 일하던 사람이었고, 예산 감시 단체인 CAGW도 그렇다. 우리 같으면 어용 단체라고 비난할지 모르지만

---

16 물론 재정적으로는 거액의 기부자가 있기도 했다. 무브온에는 조지 소로스가 있었고, 티파티에는 데이비드와 찰스 코크 형제가 있었다.

두 단체 모두 미국 사회 내에서는 유력한 단체로 성장했다. 오바마는 지역 시민단체에서 일하다 상원의원을 거쳐 대통령이 되었으니 말할 것도 없겠다. 우리 사회처럼 서로 넘을 수 없는 벽으로 치부하지 않고 오히려 과거의 경험이 새로운 일을 하는 데 더 풍부한 자산과 경험으로 작용한다고 보는 것이다. 다만 자신이 일하는 곳의 정체성을 잘 이해하는 윤리적 태도는 중요해 보인다. 미국의 단체들은 활동과 재정 상황을 투명하게 공개함으로써 있을 수 있는 오해와 의심을 걷어내고 있다.

19

시민운동의
정치 참여

2008년을 지나면서 시민운동 진영은 무력감을 느끼고 있었다. 그 무력감을 이기고 사회 발전 방안에 대한 비전과 공론을 만들어 가기 위해서는 이명박 정부의 일방통행에 제동을 걸지 않고는 무엇도 할 수 없다고 느꼈다. 이와 관련해 작고한 김대중 전 대통령은 이명박 정부가 들어서고 세 가지 큰 문제가 생겼다고 지적했다. 남북 관계의 후퇴, 서민 경제의 후퇴, 민주주의의 후퇴였다. 그에 대한 공감대가 높았고 야당과 시민단체도 비슷한 주장을 했지만 이명박 정부는 오불관언이라 해도 좋을 정도로 반응을 보이지 않았다.

〈희망과 대안〉, 중재로 만들어 낸 연합 정치

오히려 이명박 정부는 보수적인 시민단체들의 입을 빌어 정부에 대한 반대 의견을 말하는 개인이나 단체를 좌파로 몰아붙이며 국정 운영을 일방적으로 전개했다. 이런 경향은 도가 지나쳐서 공동체 내의 서로 다른 견해가 조화롭게 해결되기보다 사안마다 대립과 갈등으로 나타났고, 이는 박근혜 정부 아래서도 이어지고 있다. 지금은 좌파라는 표현 대신 종북이라는 표현으로 바뀌었을 뿐이다.

더구나 이명박 정부의 국정 운영은 시대 역행적이기도 했다. 4대강 개발 사업, 뉴타운식의 도시 개발, 서민 경제의 토대를 무너뜨리는 초대형 슈퍼의 동네 진출 허가, 박정희 정권이나 전두환 정권 시대의 모습으로 돌아간 남북 관계, 인터넷에서의 표현의 자유조차 탄압하는 모습은 정부가 바뀌더라도 이미 사회가 확보한 민주주의는 역진하지 않을 것이라는 일종의 사회적 믿음을 무너뜨렸다. 오히려 민주주의의 진전도 얼마든지 역행할 수 있다는 것을 역설적으로 깨닫게 했다고 할 수 있다. 그럼에도 촛불 시위 등 시민들의 자발적 행동이 그나마 이명박 정부에 대한 대항 세력의 역할을 할 뿐 야당이나 시민단체가 제 몫을 하고 있다고 보기는 힘들었다.

여하간 일단 이명박 정부의 전횡을 멈춰 세우는 것이 무엇보다 중요하다는 공감대가 형성되었다. 2010년의 지방선거를 좋은 계기라 보았고, 이명박 정부의 일방적 국정 운영에 대한 심판을 공통의 목표로 하는 시민운동 진영을 결집할 필요가 있다는 데 생각이 모아졌다.

물론 정치적 행동을 위한 모임을 만들더라도 시민단체들이 직접 정치적 행동에 나서는 것은 어렵다고 보았다. 시민단체들 중에 정치적 목적으로 만들어진 단체들이 거의 없었기 때문이다. 따라서 시민단체들의 연대나 연합이라는 방식 대신 개인 자격으로 별도의 모임을 만드는 방식을 택하고 시민단체들의 현역 실무책임자들은 참여하지 않는 것으로 해야 했다. 또 이 프로젝트가 시민운동 진영의 정치적 진출을 위한 것은 아니었기 때문에 2010년 지방선거에 대응하는 한시적인 모임으로 하되 지속 여부는 지방선거 이후 판단하기로 했다.

이렇게 만들어진 〈희망과 대안〉이 연합 정치라는 담론에 눈을 돌리게 된 것은 당시 이남주, 고원 등 정치학자들의 주장에 힘입은 바 크다. 두 학자는 연일 이명박 정부의 전횡을 중단시키려면 지방선거에서 야당이 연합하라고 제언했고, 연합 정치라는 것이 자리 나누기만을 목표로 한 정치공학적 결합이 아니고 부분적이라도 공유할 수 있는 정책적·정치적 목표가 있을 때 서로 다른 정치 세력이 연합하는 것은 민주주의의 한 형태이기도 하다는 주장을 하고 있었다.

모임을 구성하기 위한 논의는 2009년 3월부터 시작되었다. 박원순 변호사, 백낙청 교수 등과 만남을 이어가며 이명박 정부의 일방적 국정 운영에 일단 제동을 걸어 놓고 그렇게 확보된 공간에서 새로운 비전과 지향을 논의하고 실현해 가자는 제안이 이루어지기 시작했다. 구체적으로 2010년 지방선거 대응을 목표로 놓고 야권이 연합 정치를 할 수 있도록 시민사회가 압력을 가하고 그 내용을 만들어 보자는 것이었다. 꽤 오랜 논의 끝에 2009년 8월 무렵에 가서야 시민운동 진영 내에서 공감대가 생기기 시작했다. 이 과정에서 여러 사람이 노력했지만 특히 백낙청 교수나 수경 스님, 백승헌 변호사의 노력은 기억해 둘 만하다. 여러 주장들이 난립하며 공론을

모아가지 못할 때 특히 이분들의 노력이 컸고, 이후 〈희망과 대안〉
에서도 중요한 역할을 감당했다.

2010년 10월 19일 〈희망과 대안〉은 창립 선언문에서 밝힌 것처럼
"시대를 고민하고 변화를 꾀하는 모든 세력들을 이어가는 거멀못"
이 되겠다는 취지로 발족한다. 박순성 교수가 찾아낸 표현으로 기
억하고 있는데, 여기서 거멀못의 의미는 〈희망과 대안〉 자체가 대
안적 세력이라기보다 이명박 정부의 시대 역행적 국정 운영을 저
지하며 다른 시도를 할 수 있는 정치적 공간을 만들고 여러 세력들
을 연결하는 역할을 하겠다는 것이었다. 무엇보다 〈희망과 대안〉이
대안적인 정당 조직도 아니며, 새로운 운동의 흐름과 결합하고 있
기보다 기존 시민운동에서 활동하기는 했으나 '개인'들이 주축이었
다는 것을 잘 알고 있었기 때문이었다.

〈희망과 대안〉은 창립 선언문에서 세 가지 목표를 내세웠는데,
하나는 대안적 전망에 대한 메시지를 생산하는 그룹의 역할, 둘째
는 이명박 정부의 일방적 국정 운영에 제동을 걸기 위해 야권을 연
합시키는 방법으로 정치 연합을 모색하는 것, 세 번째는 시민정치
운동을 통해 좋은 후보를 추천하고 지지하는 운동을 전개하는 일
이었다. 그러나 실제로는 첫째와 셋째 역할은 향후 분리되거나 제
대로 이어지지 못하고 주로 두 번째의 역할에 집중하게 된다.

지금도 여러 시민들의 집회나 시위를 방해하고 심지어 폭력 행
사까지 하는 단체로 민주주의에 심각한 해를 끼치고 있는 〈대한민
국어버이연합〉은 〈희망과 대안〉의 창립 행사마저 무산시키기에 이

르렀다. 그 소식이 크게 보도되는 바람에 〈희망과 대안〉은 발족과 함께 널리 알려지는 역설적인 덕을 보기도 했다. 발족 후 그해 말까지는 정치 연합에 대한 담론을 제기하기 위해 토론회를 여는 등 내부를 정비하면서 2010년부터 본격적인 활동을 전개했다. 2010년 3월 야 5당과 정치 연합에 대한 1차 합의를 만들어 내면서 지방선거에서의 성과를 기대케 했다.

그러나 선거가 얼마 남지 않은 5월 말 당시 민주당의 거부로 전면적인 정치 연합은 이루어지지 못하고 그때까지 이루어진 10개 지역 광역 단위 연합 등 지역별 연합은 그대로 유지하기로 하는 부분적 연합만 성사되었다. 선거 결과는 야권의 승리였다. 국민참여당 유시민 후보가 경기도지사 선거에서 사퇴하기는 했으나 야권이 이기지는 못했고, 진보신당 노회찬 후보가 마지막까지 완주한 서울은 한명숙 후보가 아슬아슬하게 오세훈 후보에게 졌지만, 정치 연합이 이루어진 10개의 광역단체의 경우 다섯 군데에서 승리했고, 전면적 연합이 이루어진 인천과 고양에서는 기초단위 선거까지 야권 후보가 대거 당선되었다. 전면적 연합을 파기했음에도 불구하고 민주당은 가장 큰 수혜자가 되었고, 민주노동당 역시 세 곳의 기초단체장과 140여 명의 광역 및 기초의회 당선자를 냄으로써 창당 이후 가장 큰 성과를 이루게 되었다.

무엇보다 시민사회는 부분적이었지만 정치 연합이라는 새로운 지형을 만들어 내는 데 기여함으로써 총선연대 이후 10여 년간 시민운동의 활동 폭을 제한했던 정치적 중립에 대한 테제를 실천적으로 극복하는 성과를 얻었다. 물론 그럼에도 2010년의 지방선거가 대안적 전망이나 대안적 세력을 만들어 낸 선거는 아니었다. 〈희망과 대안〉은 정당들 사이에서 정치 연합을 만들어 내기 위한 역할은 했지만 정치의 토대가 되는 풀뿌리 정치에 대한 지원에는 소홀했다. 실제 〈풀뿌리좋은정치네트워크〉의 이름으로 출마한 17명의 운동가들 중에서 3명만 당선되었는데, 정당 소속이 아닌 무소속 후보로 당선된 사람은 과천시의원 서형원 의원이 유일했다.

이렇게 만들어 낸 선거 승리의 흐름은 이어진 7·28 재보선에서 야권의 정치 연합이 제대로 이루어지지 못하면서 다시 지방선거 이전의 상태로 되돌아가게 된다. 제도권 정치의 주체가 아니었던 시민사회로서는 다시 무력감을 느낄 수밖에 없었다.

시민 정치 조직을 꿈꾸다

〈희망과 대안〉 활동이 마무리될 무렵 미국 연수를 마치고 귀국한 김기식 전 참여연대 사무처장은 〈희망과 대안〉의 활동에 비판적 의견을 개진하면서 시민정치운동을 강력하게 주장하기 시작했다. 앞서 본 것처럼 제도권 정치의 주체가 아닌 시민사회는 정당들의 협력이 없으면 역할을 하기 힘들다. 따라서 스스로 정치의 주체가 될 것을 천명하지 않고는 변화를 지속적으로 만들어 가기 힘들다는 평가였고, 상당한 공감대를 형성했다.

김기식 처장은 "특히 정치적 시민운동의 경우 그 대중적 정치 동력이 직접적인 정치 영역으로 이전하고 있음도 직시해야" 하며 "따라서 정치의 변화와 혁신을 모색한다면 명확한 자기 가치와 비전 하에 보다 직접적인 정치 개입, 유권자 운동 형태의 시민정치운동이 나아가야" 한다고 역설했다.[17]

김기식 처장의 이런 주장은 2010년 겨우내 이어진 시민운동가들의 내부 토론을 거치며, 2011년 3월 비정당 시민 정치 조직을 표방하는 〈내가 꿈꾸는 나라〉 발족으로 현실화한다. 〈내가 꿈꾸는 나라〉는 발기 제안문에서 "아무리 좋은 가치도, 우리가 꿈꾸는 시민국가, 복지국가, 평화국가의 비전도 결국 정치 영역에서 그것을 실현할 주체가 없다면 현실이 될 수 없다"며 "그러나 정치 안에는 정치를 바꾸는 힘이 고갈되었고, 이로 인해 변화와 새로운 희망을 원하는 대다수 국민들이 답답함을 느끼고 있다"고 지적했다. "따라서 '시민국가'를 실현할 정치 주체는 시민사회에 의해 뒷받침되지 않는 한 바로설 수 없기에 새로운 정치를 만들어 내는 힘은 정치사회와 시민사회의 영역에서 동시적으로 형성되어야 하기에, 새로운 나라, 새로운 정치를 위한 시민정치운동을 제안한다"고 천명했다.

'시민정부', '시민의회' 같은 프로그램을 통해 시민들의 직접적인 참여를 조직하겠다는 포부와 함께 '시민정치학교'를 통해 깨어 있는 시민이 정치 주체로서 일상적 정치 활동을 할 수 있도록 지원하

---

17 〈희망과 대안〉 평가토론회 토론문. 2010. 6.

며 이 모든 활동은 궁극적으로 시민들 스스로의 생각과 의지를 바탕으로 나라의 방향을 결정하는 '시민국가'를 목표로 한다는 포부를 밝혔다. "〈내가 꿈꾸는 나라〉 프로젝트를 통해 조직의 실천을 구체화시키고 한국 사회를 새롭게 창조하는 플랜을 수립하고 제시할 것"이라며, 2012년 진보 개혁 세력 집권과 2014년 지방 자치의 혁신에 헌신, 주권자로서 시민 참정권과 표현 자유 억압 제도 개혁, 진보 개혁 진영 혁신과 연대·통합, 시민 참여로 새 나라 가치와 비전 제시 등을 구체적 운동 목표로 정했다.

그러나 〈내가 꿈꾸는 나라〉가 이런 프로그램들을 제대로 구현해 나가기도 전에 이를 주도한 그룹들이 새로운 프로젝트에 결합하게 되는데, 2011년 하반기에 이어진 〈혁신과 통합〉이 그것이다. 애초 취지는 정당 외 시민 정치 조직들이 함께 모여 새로운 비전과 대안을 만들어 보자는 것이었다. 그러나 야권 통합을 강력히 주장하는 〈백만민란〉 문성근 대표 등의 주장이 힘을 얻으면서 정치 혁신보다는 야권 통합에 무게가 실리게 된다. 〈내가 꿈꾸는 나라〉는 이 흐름에 조직적으로 참여하지 않지만 김기식 처장 등 〈내가 꿈꾸는 나라〉를 발족한 주요 구성원들이 개인 자격으로 참여하면서 애초의 활동 계획을 제대로 집행해 나가기 어려웠다.

다만 〈혁신과 통합〉을 통해 민주당에 결합한 사람들 중에서 2012년 총선 때 국회에 들어간 의원들과 함께 〈시민정치포럼〉을 만들어 그 활동을 함께 이어나가게 되었다.

직접 선거에 참여한 경우

정치를 변화시켜야 한다는 공감대가 커지면서 기존 정당을 믿지 말고 독자적인 정치 세력을 만들어 가야 한다는 주장도 있었다. 실제로 2009년 〈희망과 대안〉 논의가 시작되었을 때부터 시민운동 내부에서는 박원순 변호사가 서울시장 선거에 직접 출마하여 시민운동이 스스로 정치적 진출을 도모해야 한다는 주장도 한편에서는 존재했다. 박원순 변호사에게 끈질긴 출마 권유가 있었지만 당시 박원순 변호사는 단호하게 거절했다. 시민사회뿐 아니라 민주당에서도 출마 권유가 있었고, 민주당 의원과의 만남이 있기도 했다. 뿐만 아니라 일부 시민사회 원로들도 출마 권유를 이어갔지만 박원순 변호사는 2010년 3월에 영국행 비행기표를 끊었다며 더 이상 출마 권유를 하지 말 것을 단호하게 요청했다.

이로써 서울시장을 매개로 한 시민운동 진영의 직접적인 정치 진출을 주장했던 흐름은 결국 〈희망과 대안〉 쪽으로 합류하게 되지만 주민운동을 하던 풀뿌리 운동 그룹들은 마을에서의 활동 확장을 위해 주민들의 직접 출마라는 방식에 도전한다.

대표적인 경우로 과천과 도봉, 성미산을 꼽을 수 있는데, 결과만 놓고 본다면 과천의 서형원 의원은 당선되었지만 도봉의 이창림 후보와 성미산의 문치웅 후보는 낙선했다. 2인 선거구냐 3인 선거구냐 하는 선거제도도 영향을 미치기는 했지만 무소속 주민 후보가 제도권 정당을 넘어서기는 쉽지 않았다. 더구나 정치 연합이라

는 〈희망과 대안〉의 전략은 풀뿌리 정치 운동까지 포함하는 것이
아니었기 때문에 2010년 선거에서 주민운동 후보들의 설자리는 크
지 않았던 셈이다. 과천이나 도봉, 성미산의 경우에는 주민운동의
역사가 오래되었고, 그 활동 폭이 컸던 만큼 나름 기대가 있었지만
제도권 정당을 넘어서지 못했고 주민운동의 정치적 진출에 대한
기대는 다시 4년 후로 넘겨야 했다.

20

시민운동가,
시장이 되다

〈희망과 대안〉이나 〈내가 꿈꾸는 나라〉 등 시민단체들이나 시민사
회의 주요 인사들을 기반으로 한 시민운동의 정치적 역할이 마무
리되고 나니 실제 시민운동이 조직적 성과로 남긴 것은 그다지 없
는 셈이 되었다. 처음부터 정치적 진출을 목표로 기획되지 않았다
는 근본적 한계로 시민운동 진영의 독자적인 정치적 비전이나 프
로그램은 없었기 때문이기도 하다. 〈희망과 대안〉의 경우 지방선거
에서 일정한 역할을 한 만큼, 결성 당시 논의했던 것처럼 해산하거
나 다른 사회적 목표를 갖자는 내부 주장도 있었지만 이어지는 보
궐선거 등에서 해야 할 역할이 있다는 공감대가 더 커서 지속되다
가 결국 2012년 총선과 대선을 거치며 해소되었다. 〈내가 꿈꾸는
나라〉, 〈혁신과 통합〉 등으로 이어진 프로그램들도 종국에는 주요
구성원 또는 그 자체가 야당으로 통합되어 정치 혁신을 위한 사회
적 동력을 만드는 일은 성공적이지 못했다.

박원순의 도전

정치권의 변화는 정말 짐작하기 어려운 면이 있다. 2010년 지방선거에서 야권의 공약이었던 무상급식 문제로 서울시의회와 대립하던 오세훈 서울시장이 사퇴하게 되면서 시민운동 진영은 또 다른 '정치적' 경험을 하게 된다. 잘 알려진 대로 오세훈 시장은 초·중등학교에 무상급식을 실시하자는 사회적 요구를 받아 서울시의회가 결정한 무상급식을 반대해 왔다. 오세훈 시장은 주민 투표로 자신의 뜻을 관철하겠다며 시장직을 걸고 투표를 독려했지만 개표에 필요한 투표율을 얻지 못하여 결국 시장을 사퇴하고 말았다. 야당인 민주당에서 뚜렷한 후보를 세우지 못한 상태에서 거의 동시에 박원순 변호사와 안철수 교수가 선거에 출마할 의사가 있다는 사실이 알려졌다.

희망제작소의 윤석인 당시 부소장이 필자에게 연락을 하여 서울시장 보궐선거에서 박원순 변호사를 돕자고 했다. 설악산으로 와달라는 전언을 받고 가서 만난 박원순 변호사는 수염을 깎지 않아 덥수룩한 모습으로 출마에 대한 강한 의지를 피력했고, 마침 출마 의사를 비친 안철수 교수와도 연락해 만나기로 하는 등 분명한 의사를 표했다. 2010년에 시민운동 진영의 인사들이 출마를 권했을 때와는 확연히 다른 반응이었다. 박원순 변호사가 다른 글에서 밝힌 것처럼, 사람들이 자신을 던지라고 한 요구를 피했던 괴로움이 있었는데, 마침 뜻하지 않게 오세훈 시장이 사퇴했고 그렇다면 더 이상 피하지 말고 부딪치겠다는 생각을 백두대간을 밟으며 굳힌 것이었다.

마침 시민운동 진영에는 현직 사무처장 임기를 마치고 새로운 일을 모색하고 있던 참여연대 김민영 처장, 환경정의 서왕진 처장, 오성규 처장, 녹색연합 최승국 처장, 생태지평의 박진섭 부소장 등이 있었다. 새로운 일을 모색하고 있던 시민단체 사무처장 출신들이 중심이 되어 박원순 변호사의 서울시장 출마를 어떻게 도울 것인지에 대한 논의가 자연스레 만들어졌다. 정당이 아닌 무소속 시민 후보로 출마할 생각이라는 점과 시민운동 진영이 본격적으로 정치 진출을 실험해 볼 수 있다는 점 때문에 필자를 비롯해 다수의 시민단체 출신 활동가들이 선거운동에 참여했다. 그렇다 하더라도 본격적인 정치의 영역인 선거운동에 참여하는 것이라 이후 사회운동으로 복귀가 쉽지 않을 수도 있다는 걱정이 적지는 않았다. 그럼에도 시민운동으로 보면 최초의 실험이라는 의미가 컸기에 이후에 대한 생각보다 먼저 새로운 경험에 부딪쳐 보는 도전의식이 앞선 선택이기도 했다.

그러나 시민운동만 하던 사람들이라 본격적인 선거는 처음이었고 주변의 시선은 온통 걱정과 우려뿐이었다. 돌아보면 적지 않은 실수들로 점철된 선거를 치르게 되었지만, 이후의 과정은 익히 알려진 대로 안철수 후보의 전격적인 양보로 탄력을 받은 박원순 후보가 민주당 박영선 후보와의 단일화 경선에서 어려운 조건을 뚫고 극적으로 이겼고, 한나라당 나경원 후보와의 대결에서도 압도적으로 이겨 최초의 시민운동가 출신 서울시장으로 당선된다.

시민운동을 하는 사람들 입장에서 보면, 우선 본격적인 선거를 처음 치르면서 박원순이라는 후보를 통해 그간 시민운동이 주장해 온 여러 의제들을 본격적으로 제기해서 유권자들의 심판을 받는다는 의미도 있었고, 시민운동이 지향하는 가치에 맞게 자발성과 참여라는 방식을 어떻게 기성 정당과 다르게 선거에서 구현할지도 고민했던 의미 있는 선거였다. 결과적으로 보면 선거에서 승리했다는 점에서 성공적이었다고 평가할 수 있을 것이다.

그러나 50일간의 선거운동 과정에서 초기 30일은 온전히 시민운동 하는 사람들이 중심이 되어 치러 냈지만 민주당 후보와의 경선에서 이긴 이후부터는 선거운동의 중심을 민주당에 넘겨줌으로써 완벽한 시민운동의 승리라 할 수는 없게 되었다. 동시에 박원순 변호사의 선거 참여를 통해 시민운동 진영의 정치적 진출을 위한 토대를 만들어 본다는 계획도 흐지부지 될 수밖에 없었다. 필자를 비롯해 다수의 시민운동가들은 다시 원래의 자리로 돌아가게 되었고, 선거 몇 달 후에는 박원순 시장도 시의회 다수를 구성하고 있는 민주당과의 관계 등을 고려해 결국 민주당에 입당함으로써 시민운동의 독자적 정치 프로그램은 없는 것으로 되었다. 물론 이미 민주당과의 통합을 이야기하고 있던 〈혁신과 통합〉에 시민운동 세력이 들어가 있었고 독자적인 움직임을 만들어 낼 만큼의 세력을 형성하지 못한 탓이기도 하다.

그럼에도 박원순의 서울시장 당선은 그동안 시민운동이 주장했던 가치가 유권자들에게도 받아들여졌다는 점과 또 도시 발전 전략이 시민운동이 주장했던 패러다임에 기반한 방향으로 전환할 것이라는 점에서 시민운동의 승리이기도 했다. 선거 과정에서 보여준 새로운 방식의 선거운동 역시 선거운동 자체를 혁신해야 한다는 단서를 보여주었다는 점에서 기여가 적지 않았다고 평가할 수 있을 것이다. 그리고 논란이 있을 수 있지만 잔여 임기 동안 박원순 시장이 보여준 새로운 시정 방침은 지난 지방선거에서 다시 압도적으로 당선됨으로써 평가받았다고 할 수 있다.

필자는 박원순의 당선이 갖는 의미가 적지 않다고 생각해서 선거 이후 오마이뉴스 인터뷰에서 박원순의 당선 이전과 이후 한국 정치도 변화할 것이라고 희망 섞인 전망을 한 적이 있지만 현재로서는 그렇지 않아 보인다. 선거운동을 직접 치른 당사자로서 박원순의 당선이 한국 정치의 패러다임 변화로까지 이어질 것이라는 의미를 부여해 보았지만 지금까지의 모습은 암울하다. 희망적 전망에는 박 시장의 당선과 함께 폭풍처럼 다가온 '안철수 현상'도 한몫했는데 그 또한 현재로서는 실패로 귀결되고 있다고 보인다.

선거운동의 혁신

그럼에도 박원순의 선거운동만은 그 자체로 혁신이었다. 2011년 서울시장 보궐선거에서 시도하고자 했던 박원순의 선거운동은 사실 온전히 실현되지 못했다. 민주당과 함께 선거운동 본부를 구성하기 전까지의 30일 동안은 민주당 박영선 후보와의 경선을 향한 준비 단계이기도 했기 때문이다. 그리고 실제 나경원 후보와의 본 선거에서는 민주당이 선거운동을 지휘했다. 오히려 시민운동 진영이 주도했던 선거운동은 2014년 지방선거에서 이루어졌다고 할 수 있다.

필자를 비롯해 선거운동에 처음 나서는 시민운동가들을 보며 당시 정치권은 상당히 회의적 반응을 보였다는 이야기를 나중에야 듣게 되었다. 선거운동이나 선거 캠프의 개념 자체를 바꾸어 보려 했던 시도는 선거를 모르는 초짜의 어설픈 주장으로 보였을 뿐이다. 실제 선거 캠프 내부에서도 시민단체 출신들이 중심이 되었다 하나 다양한 세력들이 참여하고 있었기 때문에 기존 선거운동 방식을 차용하는 경우가 많았다. 그럼에도 몇 가지 새로운 시도들은 기존 정치권 출신의 후보들과 시민운동가 출신인 박원순 후보를 구별짓는 요소였다.

그런 사람이 박원순 선거 캠프의 책임을 맡는다고 했을 때, 정치권에서 흘러나온 얘기는 대략 이랬다. "될까?", "정치를 잘 모르실 텐데?", "시민운동도 정치의 링에 올랐으니 악 소리 나게 제대로 평가 한번 받아 봐야지." 시민운동가의 정치 데뷔에 혹독한 신고식이 기다리고 있구나 싶었다.

이런 평가를 받는 하 단장이 만들어 낼 '작품'이 어떤 것일까

경선 기간 내내 흥미롭게 지켜봤다. 튀지 않으면 죽는 게 한국
정치 문화인 현실에서 그는 어떤 스타일로 '박원순표 새로운 정
치'를 보여줄까 적이 궁금했다.

– 장윤선, 〈박원순이 주목한 하승창은 누구?〉, 오마이뉴스, 2011. 10. 6.

일단 선거 캠프라는 곳의 역할에 대해 다른 접근을 시도했다. 대
개 선거 캠프는 '○○○후보 선거운동본부' 등의 이름으로 불리고
있어서 약칭도 '선본'으로 불렸다. 그런 이름으로는 후보가 무엇 때
문에 선거에 출마하는 것인지 말해 주지 못한다고 보았다. 박원순
후보는 무엇 때문에 출마하는지를 캠프 이름에 담아 유권자들과
소통하는 것이 중요하다고 보았다. 세 가지 정도의 이름을 놓고 그
때까지 자원활동으로 결합한 20여 명의 상근 스태프들과의 회의를
거쳐 '새로운 서울을 위한 희망캠프'라는 이름을 만들어 냈고, 약칭
도 '선본'이 아닌 '희망캠프'라 하기로 했다. 아마 확인한 것은 아니
어서 장담하기는 어려워도, 선거 캠프에 다른 이름을 붙인 최초의
일이 아닌가 싶다. 지금까지의 서울과는 다른 서울을 만들고 그를
통해 희망을 구현하고자 한다는 박원순 후보의 의지를 담은 이름
이었다. 그리고 박원순 후보가 선거에 출마하는 이유이기도 했다.
'희망'이라는 단어는 이후 서울시의 시정을 상징하는 이름이었다.
이어진 총선과 대선에서 여러 후보들이 경쟁적으로 캠프의 이름을
붙인 것을 보면 확실히 새로운 선거 문화를 만들어 내는 데 기여한
일이기도 했다.

다른 하나는 선거 캠프의 구조를 바꾸는 일이었다. 쉽지 않았다. 선거운동 기간 내내 시달렸고, 결국 민주당과 함께 선거 캠프를 다시 꾸릴 때는 기존의 선거 캠프 구조로 돌아갔다. 초반 30일 동안 시민단체 출신들이 이끌었던 '희망캠프'에서 선거 캠프는 선거를 기획하는 곳이고 선거운동은 지지자들이 자발적으로 참여해 만들어 가는 것이었다. 기존의 선거 캠프는 선거를 지휘하는 곳이어서 위계도 분명했고, 그에 따라 수직적 구조를 가질 수밖에 없는 것으로 보였다. 그러다 보니 옥상옥 식의 의사 결정 위원회가 너무 많았고, 명함 없이는 선거운동을 해 본 경험이 없는 사람들에게 그 위원회의 자리는 선거운동을 하는 사람이라는 징표 같은 것이었다. 그래서 희망캠프는 위원회 대신 굳이 기획단이라는 이름을 고집하고 상근 스태프들에게 팀장이라는 직책 외에 다른 직책을 부여하지 않았다. 필자를 비롯해 시민단체 출신의 상근 스태프들은 '자리'가 필요하다는 사람들에게 내내 시달렸고, 선거를 모르는 사람이다, 자기중심적으로 일한다, 시민단체 출신들이 권한을 독점하려 한다는 비난에 시달렸다. 모든 사람이 충분한 사전 준비를 한 상태가 아니었던 탓에 실제 집행도 일사분란하게 이루어지지 못했다. 결국 애초 생각했던 수평적이고 실무형인 선거 캠프 구조는 만들어졌지만 실제 운영은 그에 부합하지 못했다. 의도와 다르게 효율적인 운영이 되지 못하여 선거 캠프의 구조를 바꾸어 보려는 시도는 그다지 성공적이지 못한 셈이었다. 오히려 이는 2014년 선거에서 성공을 하게 된다. 2014년에는 이런 구조에 대한 공감대가 2011년보다는 훨씬 높아져 있었고 박원순 후보도 이런 구조를 고집스레 밀어붙인 덕분이기도 했다.

세 번째는 선거 사무실 공간을 바꾸는 일이었다. 장소를 정하고 나서 선거 유경험자들에게 들으니 선거 사무실을 꾸미는 일은 그리 어렵지 않다고 했다. 심하게 말하면 오전에 주문하고 오후면 세팅이 끝난다는 것이었다. 선거운동 준비를 하루라도 빨리 시작해야 하는 입장에서는 사무 공간 마련이 가장 시급했지만 박원순 후보의 선거 사무실을 칸막이로 빽빽이 둘러쳐서 유권자인 시민들이 찾아와도 함께 이야기할 공간도 없게 내버려둘 수는 없었다. 그런 선거 사무실은 박 후보가 왜 선거에 출마하는지를 설명하지 못하는 공간이었다. 그저 선거에서 이기기 위한 전략과 전술을 짜고 실행하기 위한 부대원들만 자기 임무에 따라 배치되어 일하는 공간일 뿐이다.

그래서 박원순 후보의 정체성에 맞게 재구성한 선거 사무실의 주제가 바로 카페형이었다. 찾아오는 유권자들이 마주 앉아 제언하고 할 수 있는 일에 대해 듣고 스스로들 모여서 회의하고 선거 캠페인에 나서도록 하려면 그들이 언제라도 찾아와서 편히 있을 수 있어야 한다고 판단했다. 또 하나 특징적인 것은 후보의 사무실을 없앤 것이었다. 후보가 사무실에 있지 말고 밖에서 내내 유권자들을 만나는 것에 초점을 두자고 했다. 공간을 운영하는 자원활동가들이 안내 데스크와 공간 운영에 관한 권한을 가졌다. 남들은 하루면 완성할 수 있다는 선거 사무실은 일주일인가 열흘 정도의 시간이 지나서야 모습을 드러냈다. 일부 반대가 심했지만 박원순 후보는 오히려 그런 공간을 더 잘 만들어야 하고 공간의 투명성이 중요하다는 점까지 지적하며 격려했다. 이렇게 만들어진 희망캠프의 선거 사무실은 선거 과정 내내 화제가 되었고, 선거 이후에 나경원 후보의 캠프와 비교하는 글이 신문에 나기도 했다. '20대 눈에 비친 두 캠프 … 카페 vs 회사, 이 작은 차이가 승부 갈랐다'[18]라는 신문 기사의 부제가 말하는 것처럼 희망캠프는 전형적인 선거 사무실의 개념을 완전히 바꾸어 놓았다.

다른 시도는 유세 방식과 관련된 것도 있었다. '경청 투어'와 '타운홀 미팅'이라는 새로운 방식을 시도했다. 짧은 선거운동 기간 동안 많은 시도를 할 수는 없었다. 유세차 타고 마이크 들고 일방적으로 전달하는 유세는 박원순 후보와 어울리지 않을 뿐 아니라 선거운동 방식으로도 좋지 않다고 보았다. 무엇보다 박 후보가 전형적인 유세 방식을 거부했다. 그러나 막상 다르게 하려고 하니 선거법상의 많은 제약이 있었고 다른 방식으로 유세를 상상해 보지 않았던 탓에 시도 자체가 쉬운 일이 아니었다. 마침 성미산마을과 강서구 주민들 사이에서 타운홀 방식의 미팅을 만들고 박원순 후보를 초청하는 모임이 만들어져서 새로운 방식의 유세가 비로소 시도되었다. 동시에 여러 유세 현장에서 일방적으로 이야기하기보다 유권자들의 요구를 '듣는다'는 것이 더 중요한 선거 과정이라는 점을

---

18 이철재, 〈삽살개도 들락거린 박원순 캠프 vs 겹겹이 칸막이 처진 나경원 캠프〉, 중앙일보, 2011. 10. 28.

분명히 하면서 '경청 투어'가 기획되었고, 이 과정에서 전달되어 온 유권자들의 제언과 요구가 담긴 수많은 포스트잇은 그대로 후보에게 전해져 지금도 서울시장실 벽면에 빼곡히 붙어 있다. 박원순 후보에게 선거 과정은 자신의 주장을 일방적으로 전달하는 과정이 아니라 유권자들의 요구를 듣고 소통하는 과정으로 설계된 것이었다. 그의 이런 선거 캠페인 과정은 바로 서울시정의 운영 방침으로 연결되었다. 지금도 여론조사를 해 보면 소통에 가장 강한 정치인은 박원순이 언제나 1등이다.

이런 과정을 앞서 본 오마이뉴스 장윤선 기자는 "지금까지 보지 못했던 시민운동스러운 정치"라고 표현했다. 이후 나머지 20일의 선거운동은 다시 민주당스럽게 돌아가기는 했다. 그럼에도 선거에서 이긴 박원순 후보는 자신의 선거 캠페인이 단지 선거에서 이기기 위한 전술적 선택이 아니라 자신이 정치하는 방식이라는 점을 서울시정에서 잘 보여주고 있다.

마지막으로 박영선 후보와의 경선 과정에서 부각된 소셜미디어 특히, 트위터의 영향도 빠트릴 수 없다. 소위 '파워트위터리안'들과 박원순 선거 캠프의 홍보담당으로 결합한 유민영 대표의 아이디어였는데, 이는 그간 고문이라든가 자문위원 식으로 명망가들을 결합해서 지지세를 확장하던 방식을, 실제 역할을 부여하는 방식으로 변화시킨 것으로 주목받았던 선거운동이기도 하다. 파워트위터리안들이 선거운동원 역할을 해줌으로써 민주당 박영선 후보와 상당한 차이가 날 것이라는 평가를 뒤집고 근접한 결과를 만들어 냈다.

특히 '나꼼수' 같은 팟캐스트 등 새로운 유형의 미디어들이 중요한 역할을 했다.

그렇다고 이런 몇 가지 변화와 혁신이 곧 선거에서의 승리를 결정한 전부는 아니다. 경선과 본선 등 선거에서 이기는 데 있어 전통적인 선거에서의 조직 작업이 소홀히 취급될 일은 아니다. 필자가 단일화 협상 팀장으로 나서서 민주당과 합의한 안이 선거 캠프에서 보면 형편없이 불리한 안이라고 평가되어 상근 스태프들은 정말 온갖 힘을 다해 현장 경선에서 이기기 위한 노력을 기울였다. 당연히 그들의 노력이 있었기에 새로운 시도들이 더 부각되고 탄력을 받을 수 있었다.

21

안철수 현상에
대한 생각

'자고 일어나 보니 세상이 바뀌었더라.' 하는 이야기는 어쩌면 2012
년의 안철수 의원에게 해당하는 말인지도 모르겠다. 압도적인 지
지율을 갖고 있었는데도 5% 정도의 지지율에 머물고 있던 박원순
변호사에게 아무런 조건 없이, 서울시장을 더 잘할 것이라는 이유
만으로 양보했다. 그러고 나서 그다음 날부터 박근혜 대표를 앞서
는 지지율로 유력한 대선 주자로 단번에 떠올랐기 때문이다. 박원
순 변호사의 선거운동을 돕던 필자는 두 사람이 사전에 서로 연락
하는 과정도 지켜볼 수 있었다. 사전에 어떤 것도 서로 따지지 않았
다. 그야말로 두 사람이 만나 이야기 나누면서 박원순 변호사가 후
보가 되는 것이 좋겠다는 합의를 이룬 것이었다.

　두 사람은 정당 기반이 없다는 공통점이 있었다. 그런 두 사람에
게 한 사람은 서울시장 후보로 다른 한 사람은 대선 주자로 유권자
들의 지지가 몰린 것이다. 그러나 2년여 세월이 지난 지금, 박원순
시장은 기대했던 대로 새로운 시정을 펼치며 대선 주자 지지율 선
두를 다투고 있지만, 안철수 의원의 경우에는 또 다른 변화를 맞고

있다. 안철수라는 이름이 우리 정치의 변혁 아이콘이 되고 정치 변화를 열망하는 사람들과 세력들의 플랫폼이 되어 줄 것이라 기대했던 실험은 실패로 끝나고 이제 '안철수의 정치'가 다시 유권자들에게 어떤 지지를 받게 될지만 남았다.

안철수 현상으로 드러난 변화의 욕구

필자는 안철수 의원의 대선 캠페인에도 참여했다. 그가 한국 정치의 변화를 위한 플랫폼이 되어 줄 것이라는 기대도 있었고, 박원순의 서울시장 선거 총괄 단장으로서 박원순 지지에 대한 고마움도 있었기 때문이다. 그러나 안철수 의원의 중도 사퇴로 한국 정치의 변화를 위한 그의 대선 캠페인은 실패로 끝났다. 근본적으로는 안철수 의원 자신이나 우리 사회가 정치의 문제에 대해서는 공감했지만 해법을 만들어 낼 능력은 갖지 못했던 까닭이다. 희망을 가졌던 필자의 판단도 틀린 셈이었다. 그러나 지금도 한국 정치의 변화는 필연적이라고 믿는다. '안철수 현상'으로 상징되는 변화에 대한 욕구가 아직 실현되지 않았기 때문이다.

그 변화의 욕구에 대해 잠깐 이야기해 보려 한다. 실패로 끝났지만 필자가 안철수 의원의 대선 캠페인에 참여했던 이유이기도 하기 때문이다. 당시 대부분의 시민운동 출신 인사들은 문재인 후보의 시민 캠프에 참여했고, 안철수 의원의 대선 캠페인에는 극히 일부만 참여했으므로 이 경험은 개인적인 경험에 그치고 있는 것이 긴 하다.

 '안철수 현상'은 현상적으로는 기성 정당에 대한 유권자들의 외면이며, 정치를 변화시킬 수 있는 정당 밖 인물에 대한 기대이다. 박원순 변호사가 보궐선거에서 당선될 무렵, 독일 베를린에서는 색다른 이름의 정당이 돌풍을 일으켰다. 도대체 그런 이름으로 어떻게 정당을 할까 싶은 '해적당'이 베를린 주의회 선거에서 10%에 육박하는 지지율을 획득하며 10명이 넘는 주의원을 당선시켰다. 이는 유럽의 주요 정당들에게도 충격적인 결과였다. 2012년 연초에 독일 사민당 사람들이 한국을 방문, 한국의 청년단체들과 '청년의 정치 참여: 독일의 경험과 한국의 현실'이라는 주제로 이야기를 나누는 자리가 있었다. 〈대화문화아카데미〉가 주최한 이 모임에서 크렐(Dr. Christian Krell) 사회민주주의아카데미 원장과 엥겔스(Jan N. Engels) 사회주의 모니터 담당관은 발제에서 2000년대 유럽의 사민당뿐 아니라 심지어 녹색당마저 젊은 층의 지지가 위축되고 있다고 지적했다. 녹색당마저 기성 정당이라며 젊은 층의 외면을 받고 있다는 이야기였다. 사회민주당 계열의 정당과 기타 정당으로 구분해 연령별 득표 현황을 분석한 아래 표를 보면 실제로 대부분의 정당이 30대까지 거의 표를 받고 있지 못함을 알 수 있다.

 엥겔스 담당관도 "'전통적인 사회환경(social milieus)'이 사라지고 사회계층이 복잡해지면서, 정당들은 투표자들의 계속적 지지를 확보하기가 점점 더 어려워졌다. 모든 정당들이 피해갈 수는 없는 문제이지만, 특히 노동자층에 뿌리를 둔 사회민주주의 정당들에게는 사회적 변화와 인구 구성의 변화 및 그 후유증들이 심각한 문제다." 라며 정당의 존립 조건 자체가 변화하고 있음을 지적했다. 특히 그가 지적하는 해적당 등 새로운 정당에 참여하는 사람들의 특징으로 주목할 것은 "지지자 및 투표자의 대부분은 사회 비주류에 속하는 젊은 남성이 아닌, 교육 수준이 높고 공학 또는 자연과학을 전공하고 주로 디지털 네이티브(Digital Natives)인 젊은 층"이라는 점에서 정당의 변화는 정당의 미래와도 직접적 관련이 있다는 것을 알 수 있었다. 엥겔스 담당관은 독일 사민당은 해적당을 벤치마킹하며 젊은 층과 직장인들이 당에 더 적극적으로 결합할 수 있도록 내부를 바꾸고 있다고 전하기도 했다.

비슷한 시기에 시민단체의 전직 사무처장들이 보고 온 유럽과 미국의 모습도 다르지 않았다. 이들은 유럽과 미국 모두 기성 정당이 외면받으며 좌우 양측에서 시민들의 직접적인 정치 참여가 늘어나고 있음을 확인하고 왔다.

유럽과 미국을 막론하고 정당으로부터 대중의 이탈이 전 세계적인 현상으로 굳어져 가고 있는데, … 이러한 현상을 중대한 정치적 위기로 보고 이를 극복하기 위한 다양한 노력을 경주하고 있는 상황에서 독일 사민당(SPD)은 당의 의사 결정권을 점진적으로 대중들에게 오픈하는 방향으로 선회하고, 특히 젊은 층의 정당 이반 현상을 막기 위한 다양한 참여 프로그램을 강구하고 있고, 미국 민주당 싱크탱크인 미국진보센터(CAP)는 한 해 예산의 절반 이상을 대중 참여와 홍보 분야에 쏟아붓고 있음.

- 오성규, 〈세계의 정치지형은 변화의 소용돌이 속에 있다〉, 시민단체 관계자 회의자료, 2012.

2008년 한국의 촛불 시위나 미국의 오큐파이 운동, 독일의 슈투트가르트 시위 등에서 나타나는 것처럼 거리에서의 직접 시위나 소셜미디어를 매개로 한 네트워크의 형성 등은 지난 몇 년간 세계 공통의 흐름이다. 기성 정당 대신 독일의 해적당, 미국의 티파티 등의 새로운 정당이나 정당 외 정치조직을 통한 정치 진출 또한 공통적이다. 이런 현상이 한국에서는 안철수라는 인물과 결합하여 드러났을 뿐이다. 따라서 안철수 의원은 기성 정치와는 다른 정치의 모습을 보여주고 이를 매개로 새로운 정치 과정을 설계할 능력을 보여주는 것이 가장 중요했다.

독일의 해적당이나 미국의 티파티, 무브온 등이 핵심적으로 보여주는 것은 기성 정치 과정과는 다른 모습이다. 새로운 미디어로서 또는 새로운 소통의 도구로서 소셜미디어에 익숙하다는 것, 따라서 의사결정 과정에 가능한 많은 사람들이 참여할 수 있게 만들어 민주주의를 확장하고 있다는 것이 공통적 흐름이다.

말하자면 기성 정당에 대한 외면이란, 곧 지금까지의 정당이나 정치 과정이 인터넷의 발전과 함께 시민들의 직접 행동이 가능해진 현실에서 좀 더 민주적이고 지지자들이 일상적으로 참여할 수 있는 정치 과정이 아니라는 문제 제기이기도 한 셈이다. 해적당이 자신들의 민주주의를 '흐르는 민주주의(liquid democracy)'라 부르는 것은 기존의 박제화된 의사결정 구조가 정당에서 지지자, 당원과 당 지도부의 경계를 그어 놓는 반면 자신들은 이 경계를 허물어뜨렸다고 말하고 있는 것이다. 그러므로 정당이 제기하는 입법 과제들은 늘 지지자나 당원들이 현장에서 움직이거나 활동하는 이슈들을 중심으로 변화하고 재편된다. 이어 그 이슈에 연결되어 있는 사람들이 끊임없이 정당과 소통하게 된다. 그렇게 하지 못할 때 촛불 시위나 오큐파이 운동처럼 거리에서 이야기하기 시작하거나 티파티처럼 아예 스스로 정치조직을 만들어 정치적 진출을 해 버리는 것이다. 유럽 각국의 정당들도 해적당 등의 영향으로 정당 혁신을 위한 노력을 기울이고 있다. 영국 노동당의 경우 2012년 당 혁신안을 발의하고 당원과 지지자들이 연결될 수 있도록 당내에 다양한 플랫폼을 만들어 나가고 있다.

한때 돌풍을 일으킨 '안철수 현상'이 실패에 이른 것은 이런 변화를 정치 과정에 담지하지 못한 이유가 큰데, 안철수 의원 본인도 자신의 역할이 무엇인지 명확히 인지하지 못했고, 안철수 의원에게 연결되어 온 사람이나 세력도 기성 정치 과정에 익숙한 사람들이나 세력이었다는 점에서 해적당처럼 새로운 내용으로 기성 정당을 위협할 정당을 만들 역량이 없었다고 봐야 한다. 이런 상태에서는 비슷한 정당을 만들어 봐야 기성 정당과 비교해 경쟁력을 가질 수 없다. 그 역사와 경험을 이길 수 없기 때문이다.

새로운 사회적 이슈와 의제에 대한 관심, 정치적 참여의 확대와 투명성 제고를 통한 당내 민주주의의 확장, 당원과 지지자의 경계를 없애는 것 등 지금과는 다른 정당의 모습을 만들거나 현재의 정당들이 그런 모습으로 혁신적으로 변할 때만 우리 사회는 스스로 만들었던 '안철수 현상'을 조금씩 풀어 가게 되지 않을까 생각한다.

오큐파이 운동과 슈투트가르트 시위

오큐파이 운동

오큐파이 운동의 본 명칭은 '월가를 점거하라(Occupy Wall Street)!' 이다. 2011년 9월 17일 미국 사회의 경제 불안과 부조리에 항의하는, 소위 고학력 저임금 세대 시민 30여 명이 처음 시작했다. 이들이 분노한 것은 미국의 경제 불안에도 불구하고, 특히 금융위기의 주범이라고 생각되는 월가의 경영진들이 수백만 달러에 이르는 고액의 퇴직금을 챙겨 가는 현실이었다. 2008년의 금융위기 극복을 위해 막대한 세금이 구제금융으로 월가에 투입되고, 99%에 속하는 사람들의 복지 혜택은 축소된 반면 취업은 어려운 가운데, 월가 경영진의 고액 퇴직금은 사람들의 분노를 샀다. 일주일 뒤에 영화감독 마이클 무어가 시위에 참여했고, 반전 활동으로 유명한 영화배우 수전 서랜든이 동참했다. 노벨 경제학상 수상으로 유명한 경제학자 조셉 스티글리츠도 참여했으며, 경제학자인 제프리 삭스 컬럼비아대 교수도 참여해 시위대 앞에서 연설을 했다. 이들의 슬로건은 미국의 최고 부자 1%에 저항하는 99%의 입장을 대변한다는 것이었다. 제프리 삭스가 함께 외친 구호는 '우리가 바로 99% 민주주의(We are the 99%)'였다. 시위는 미 전역으로 퍼졌고 시위가 시작된 지 한 달여가 지난 10월 15일에는 미국 내 100여 개 도시에서 동시에 열리기도 했다. 오큐파이 운동은 다른 나라에도 영향을 미쳐 세계 곳곳에서 각국의 경제 불안과 정치인의 부패, 부의 집중에 항의하는 시위들이 열렸다. 이탈리아 로마에서는 20만 명이 결집하는 시위가 열리기도 했다. 이 모든 시위가 지도부 없이 인터넷을 매개로 하여 자발적인 국제 연대로 이루어졌다. 82개 국 1,500여 개 도시에서 열렸다고 추산되었다.

슈투트가르트 시위

독일 슈투트가르트의 중앙역사를 헐고 지하에 다시 짓는 계획의 이름이 '슈투트가르트21'이다. 100억 유로가 들어가는 이 건설 계획을 주민들은 정작 필요한 복지와 교육을 위한 예산을 줄이는 것으로 이해했다.

2009년부터 2년간 매주 월요일이면 중앙역 앞에서는 이를 반대하는 주민들의 집회가 열렸다. 2010년 10월에는 문화재 보호 대상인 중앙역 건물 일부를 허물고 인접한 공원의 수백 년 묵은 나무들이 잘려 나가자 10만 명이 참여한 대규모 시위가 열렸고, 주민들의 시위를 지지하는 사람들이 독일 각지에서 지지 시위를 열기도 했다. 계속된 시위가 가져온 변화는 놀라운 것이었다. 슈투트가르트가 속한 바덴뷔르템베르크 지방정부의 집권당이 녹색당으로 바뀌었다. 전국 정치에도 영향을 미쳐서 당시 집권당인 기민당의 메르켈 총리는 슈투트가르트21 계획이 중단된다면 긴축 정책에 항의하는 대중들의 항의에 밀리지 말라고 그리스 정부에 말할 수 없게 된다며 계획을 밀어붙일 것을 요구하기도 했다. 그러나 집권당이 녹색당으로 바뀌면서 녹색당은 연정 파트너인 사민당과 함께 이 문제를 주민투표에 붙이기로 한다. 유권자의 3분의 1 이상이 투표에 참여해야 유효한 주민투표의 투표율은 48.3%였다. 그러나 투표의 결과는 2년 넘게 시위를 계속해 온 사람들의 기대와는 다른 것이었다. 58.8%가 사업의 지속에 찬성표를 던졌다. 두 가지 문제가 있었다. 하나는 슈투트가르트 시민들만 참여한 투표가 아니라 주 전체가 참여하는 투표였다는 점과 투표지에 담긴 질문의 내용이 애매해서 슈투트가르트21 건설에 반대하면 '찬성'에 표를 던져야 하는 것이었다. 이렇게 해서 2년여간 독일을 흔든 슈투트가르트 시위는 마무리되었다. 그러나 국가의 일방적 정책 집행에 항의하는 주민들의 직접 행동이 지방정부의 집권당을 바꾸어 내고 민주적인 의사결정을 위해 주민투표를 끌어냈다는 점에서 독일의 중앙정부나 지방정부가 정책 결정과 집행 과정에서 주민들의 참여를 고민하게 만든 사건이었다. 동시에 정부의 정책에 대해 의회를 매개로 하지 않는 주민들의 직접 행동이 일어나는 일은 이미 일국적 현상이 아닌 세계적인 현상이기도 하다는 점을 확인해 주는 사례이기도 하다.

5부

다시, 새로운 운동의 성장

– 연대하는 '개인'들

22

방법을
바꾸어 보자

필자가 2010년 하반기부터 고민하던 내용들이 구체화되어 2011년 5월에 '씽크카페 컨퍼런스@대화–지금 우리에게 필요한 것들'이라는 이름으로 시민이 직접 참여하는 대화 플랫폼을 처음 시작하게 되었다. 초기에는 여러 아이디어가 있었지만, 우선 시민들이 직접 참여하는 대안적 논의를 위한 플랫폼을 만들어 볼 생각을 했다. 지금은 필자가 선거 캠페인 등 정치 영역에 드나들게 되니까 함께했던 분들이 오해 받을 수도 있어서, '씽크카페 컨퍼런스'라는 대화 플랫폼은 더 이상 지속되지 않는다. 그러나 시민운동 진영에서 보면 시작이나 다름없는 대화 플랫폼이었고 시간이 지난 지금은 원탁회의, 오픈테이블 등 다양한 이름으로 일반화되었다. 2012년까지 두 번의 대화 플랫폼을 운영하고 나서 오프라인에 '씽크카페'라는 공간을 만들게 되는데, 이 또한 새로운 운동 방법으로 생각해 본 것이었다.

그렇게 하여 2012년 가을에는 홍대 인근에 씽크카페를 열게 되었다. 말리는 사람들이 많았음에도 불구하고 카페를 연 것은 씽크카페라는 대화 플랫폼을 2년여 유지하면서, 이름이 카페여서 그랬는지 모르지만, 오프라인에도 있냐는 질문이 꽤 많았던 탓이기도 하다. 그러나 무엇보다 필자 스스로도 오래전부터 '공간이 운동한다'는 이야기를 하고 다닌 터라 실제 오프라인 공간에 대한 관심이 적지 않았기 때문이기도 하다. 마침 홍대 인근에서 카페를 운영하던 대학교수 한 분이 함께하자고 제안하면서 오프라인 씽크카페를 운영하는 경험을 하게 되었다. 2년여간 비싼 임대료를 내면서 카페를 운영하는 일이 절대로 쉬운 게 아니라는 것도 알게 되었지만 그 시간 동안 카페라는 공간을 통해 여러 모임들과 네트워크가 형성되면서 새로운 운동의 흐름에서 의미있는 역할을 하고 있는 다양한 모임들을 알게 된 것은 큰 소득이었다. 특히나 오래전부터 기존의 시민단체와는 다른 형식, 다른 방법을 가진 사회운동의 흐름이 생겨나는 것이 필요하다고 역설해 온 필자의 입장에서는 반가운 모임들이었다.

바뀐 세상에 대처하는 우리의 자세

'씽크카페 컨퍼런스'나 오프라인의 카페에 대한 생각들은 꽤 오래전부터 고민해 오던 것들이기도 했다. 특히 2008년 촛불 시위는 다르게 접근해야 한다는 생각을 더욱 분명하게 해 준 경험이었다. 촛불 시위에 이어 '안철수 현상'의 이면에 자리 잡은 기성 정당이나 시민운동 조직들에 대한 시민들의 외면은 이런 생각들을 더 분명하게 해 주었다.

그때나 지금이나 모두가 변화를 원하는 것은 분명했다. 지금은 개발과 끝없는 성장이라는 사회 발전 전략이 우리의 미래를 든든하게 보장해 줄 것이라 믿는 사람은 없다. 오히려 이를 고집하면 할수록 공동체의 박애 정신과 공정한 질서, 생태적 가치에 기초한 다른 사회 발전 전략을 꿈꾸는 사람들 사이의 대립과 갈등만 커지는 형국이다. 다른 사회 발전 전략을 꿈꾸는 세력이라 하지 않고 굳이 사람이라 한 까닭은 그런 변화를 이끌 세력이 아직은 보이지 않기 때문이다. 어쩌면 이 상황을 타개할 누구를 기다리기보다 스스로 변화를 만들어 내기 위한 노력을 시작할 때이다.

그러기 위해서는 비전을 만드는 일도, 사회 변화와 혁신을 위한 일도 변화한 시대에 적합한 새로운 방법으로 시작하지 않으면 안 된다. 사실 변화는 이미 시작된 지 오래다. '디지털 네이티브'라 불리는 새로운 대중들이 등장하고 있고, 새로운 기술에 기반한 소통 방식은 기존의 사회관계를 뒤흔들고 있다. 예컨대 과거에는 소수의 전문가들과 정치인, 행정가, 시민운동가, 이해 당사자들이 폐쇄적인 논의 공간에서 우리의 삶과 관계된 정책을 만들었고, 다수의 사람들은 전통적인 미디어로부터 그 내용을 전해 듣고 단지 이를 수용할 것인지 말 것인지를 결정했을 뿐이다. 혹시 이견이 있는 사람들은 투표를 통해 자신의 입장을 대변해 줄 정치인을 뽑거나 이마저 힘들면 사람들을 모으고 조직화된 집단의 힘을 이용해야 했지만, 기성 정당들은 이런 공간을 쉽게 내주지 않았다.

그러나 이제 우리를 둘러싼 모든 사회적 환경들은 바뀌었다. 그것은 인터넷이 만들어 낸 전혀 다른 환경이기도 하다. 인터넷은 지금도 진화 중이다.

중세에서 근대로 시대가 바뀔 때 가장 큰 영향력을 준 기술 발전 가운데 하나가 인쇄술이다. 성경을 모국어로 대중 출판을 하기 시작하면서 면죄부를 팔아대던 중세의 권력자인 성직자들은 영주와 함께 독점하고 있던 권력을 부르주아지들에게 내줄 수밖에 없었다. 종교개혁운동과 계몽사상은 인쇄술을 통해 널리 퍼져 나가 이전과는 전혀 다른 시대를 만들어 갔다. 대중들의 지적 수준은 중세에 비해 훨씬 넓어지고 깊어졌다. 다시는 중세로 역진할 수 없었다. 마찬가지로 지금 인터넷은 다시 한 번 시대를 구분하는 기술 발전의 역할을 하고 있다. 기존의 미디어와 폐쇄적인 사회적 관계망에서 소외되었던 사람들이 훨씬 개방된 인터넷 공간에서 정보를 검색하고 공유하면서, 소통하고, 관계를 맺고, 스스로 조직화하고 있는 것을 눈앞에서 본 것이 촛불 시위이기도 했다. 권력을 독점하고 있던 기성 정당들은 흔들리고 있고, 지적 권위를 독점하던 전문가들의 권위가 약화되고 있는 것은 이미 새삼스런 일이 아니다. 사회 한구석에 머물러 있던 새로운 의제들은 소셜미디어와 네트워크를 기반으로 한 새로운 여론의 장에서 세상으로 나와 논의되고 있다. 우리 사회뿐 아니라 세계적으로도 아프리카와 중동의 민주화는 그런 모습으로 세계에 알려졌다.

역사적으로 인쇄술은 말할 것도 없지만, 미디어라는 측면으로 보아도 미디어의 큰 변화가 있을 때마다 한 국가나 사회에 큰 변화가 찾아왔다. 레닌은 문맹률이 90%가 넘었던 러시아에서 《이스크라》와 《프라우다》라는 일간 신문을 만들어 사회주의 정당의 조직 수단으로 삼았고, 이를 매개로 러시아혁명을 성공시키고, 차르체제에 종언을 고하게 한다. 라디오라는 새로운 미디어는 히틀러의 선동적 연설에 날개를 달아 주었고 그가 총통이 되는 데 중요한 매개가 되었다. 무명에 가까웠던 케네디는 TV라는 새로운 미디어의 등장으로 최초의 대통령 후보 간 TV 토론에서 닉슨이라는 거대한 산을 넘었다. 노무현 대통령은 세계 최초의 인터넷 대통령으로 불린다. 노사모라는 그의 팬클럽은 인터넷 없이는 전국적 활동을 폭발적으로 해 나가기 어려웠을 것이다. 당 조직이 아니라 개인 지지자들을 전국적으로 연결해 낸 힘으로 그는 대통령이 되었다. 소셜미디어 덕에 대통령이 된 사람은 오바마다. 이미 오바마의 선거운동 방법은 후발 주자들이 모두 벤치마킹하고 있다. 그러므로 이제는 비전을 만드는 일도, 사람들과 소통하고 관계를 맺는 방법도, 세상을 바꾸고자 하는 방법도 다 달라져야 한다.

아인슈타인은 "우리가 지금 직면하고 있는 문제는 그 문제가 만들어졌을 때와 같은 사고방식으로는 해결할 수 없다."라고 했다. 우리가 처음 경험한 것과는 차원을 달리하는 현재의 인터넷 환경은 기존의 생산 관계와 정보 소유 관계를 밑바닥부터 뒤흔들고 있다. 정보를 소유하는 자가 아니라 정보를 공유하는 자가 미래를 움직일 수 있다. 개인이 아니라 집단이 훨씬 현명하다는 것을 믿는 세력이 새로운 것을 만들어 낼 수 있다. 조직이 아니라 플랫폼을 만들어 많은 사람들이 참여할 때 새로운 것들이 만들어져 갈 것이라는 생각이다.

돈 탭스콧(Don Tapscott)은 '열린 사회를 위한 네 가지 원리'라는 테드(TED) 강연에서 인터넷이 가져올 앞으로의 사회는 협력과 투명성, 공유와 권력의 분산이라는 원리로 움직일 것이라고 했다. 정보의 독점과 권력의 집중, 폐쇄적 관계망으로는 대중의 참여를 촉진하거나 조직할 수 없고 변화를 만드는 힘을 '연결'해 낼 수도 없다.

이미 우리 사회는 변화를 위한 사람들의 생각과 행동을 '연결'하는 다양한 플랫폼이 만들어지고 있다. 이런 플랫폼들은 논의를 조직하는 데 머물지 않고 새로운 운동의 흐름이라고 할 만큼 다양하게 발전하기 시작했다.

23

삶과 운동의
경계가 없는
움직임들

1990년대 이후 필자는 직업란에 스스로를 시민운동가라고 쓰고 있다. 요즘은 사회단체 항목이 추가되었지만, 시민운동가는 통계청의 직업 분류에는 없는 직업이고, 혹여 은행에서 대출을 받으려고 해도 무직이나 기타 란에 표기되던 직업이다. 그럼에도 시민운동가로 표기했던 이유는 굳이 내가 하는 일을 밝히지 않아야 할 이유가 없거니와 시민운동가도 그 일을 하는 사람들에게는 의미 있는 직업이라는 사실을 말하고 싶었기 때문이다. 미국이나 유럽에서는 이미 비영리단체 근무도 하나의 직업으로 대우받고 있다.

그러나 시민운동가라는 표현이 대개 개인적 결단이나 결의가 뒷받침된 일인 것처럼 여겨져서 편견을 갖게 만들기도 한다. 그런 부담을 없애고 하는 일을 좀 더 명확히 하려고 해서였는지는 모르지만 박원순 시장은 희망제작소에서 일할 때 자신의 직업을 '소셜디자이너'라고 부르기도 했다. 여기서 더 나아가 〈지혜공유협동조합〉이사장인 유정길은 아예 운동을 한다는 생각을 갖지 않는 것이 좋다고까지 말하고 있다.

운동가라는 용어는 남다른 결의를 한 사람이라는 인상을 준다. 자신이 남다른 삶을 산다는 선민의식이 강할수록 타인과 자신을 구별하게 된다. 운동가는 다른 사람이 운동가라는 이름을 붙여줄지언정 운동가라고 자처할 것은 아니다. 나아가 스스로 운동을 한다는 생각마저 갖지 않는 것이 좋다. 활동이 그저 자신의 생활이 되어야 하며 스스로의 즐거움이 되어야 한다. 활동을 하면서 행복하지 않으면 오래 일할 수 없다. 내가 행복해야 남도 이 일에 동참시킬 수 있다.

— 유정길, 〈'운동권 문화'와 운동하는 삶의 문화〉, 《창작과비평》, 2014 가을.

시민운동가라는 표현은 어느 단체에 소속되어 정부나 기업을 상대로 자신이 지향하는 공적인 가치를 위해 다투는 사람이라는 전형을 떠올리게 한다. 그러나 2000년대 후반 무렵부터는 삶과 운동의 경계가 없는 움직임들이 많아지면서 자신을 운동가로 칭하지 않고 자연스레 사회운동의 영역에서 일하는 사람들이 늘기 시작했다. 반대로 운동가 스스로도 직업적 운동가로 일하기보다 자신의 삶과 운동을 일치시켜 나가려는 움직임이 많아졌다. 대체로 그런 현상은 지역에 대한 관심으로 시작해서 귀농으로 귀결되기도 했지만, 자신이 사는 동네에서 '동네일'을 하는 것이 자연스레 사회운동이 되기도 하는 모습들로 나타나기 시작했다. 그런 점에서 유정길 이사장의 제언은 의미 있다. 그렇다고, 스스로 여전히 운동가로 생각하는 사람이나 운동을 통해 변화를 모색한다는 생각으로 활동하는 사람까지 굳이 그러지 마라 할 필요도 없다.

어쨌든 굳이 운동가라 칭하지 않지만 마을 사람들 속에서, 청년들 가운데서, 주부들 사이에서 자신들의 삶의 필요와 공적인 가치를 일치시켜 보려는 사람들이 늘고 있다.

서울 마포의 성미산마을은 《월간조선》으로부터 '종북세력'을 만들어 내는 곳이라는 명예훼손성 기사로 비난 아닌 비난을 받기도 하고, 같은 계열사 신문으로부터는 '올해의 히트상품'으로 뽑히기도 하는, 마을 공동체의 대명사이다. 그들이 '종북세력'이라고 부르는 사람들은 다 그저 마을에 사는 마을 사람들이다. 다만 스스로 생협을 만들고, 대안학교도 만들고, 카페도 만들고, 극장도 만들고, 어린이집도 만들고, 마을 축제도 만들고, 반찬가게도 만드는 모습은 동네에서 아무것도 하지 않고 잠자고 출근하기 바쁜 사람들이 보기에는 좀 '다르다'고 느낄 수 있을 것이다.

성미산마을 사람들이 지난 20년간 일구어 온 일들은 확실히 마을의 개념을 바꾸어 놓았다. "공동 육아가 대안 교육과 공동 소비로 확장되면서 성미산 주민들에게 '이웃'은 '비슷한 사고와 가치관으로 엮이는 관계(64.7%)'로 정의된다. '인접한 주민 간의 친밀한 관계(14.9%)'라는 전통적인 마을 개념을 대체한 것이다. 가치관을 공유하는 주민들이 자발적으로 사회적 경제 활동을 하는 새로운 마을 개념을 형성한 것이다."[19] 이전 같으면 주민운동가가 나섰을 만한

19 〈공동육아→대안학교→마을기업으로 확장… '도시 마을' 개념을 바꾸다〉, 경향신문, 2014. 9. 6.

일들이 마을 사람들 손으로 만들어지고 운영되면서 마을에서는 운동가와 주민의 경계가 사라진다.

성미산마을이 공동 육아를 위한 어린이집에서 출발해 10여 개의 마을기업에 이르렀고, 이제는 부모들의 노래패와 풍물패까지 만들어지면서 노년의 마을 공동체까지 포괄하며 발전해 가고 있다면, 동작의 성대골은 에너지를 매개로 마을이 변하고 있는 곳이다. '에너지자립마을'이라 불리는 성대골마을은 마을 사람들이 나서서 에너지 절약과 생산을 위한 마을 공동체로 나아가고 있는 곳이다. 환경운동가들이 하는 일이라고만 생각되던 에너지 문제에 대해 마을 사람들은 자신들의 삶의 환경과 연결해 이전과는 다른 해법을 만들어 가는 중이다. 2011년 성대골 절전소가 만들어지면서부터니까 아직 채 5년이 지나지 않았지만 〈에너지마을학교〉, 〈에너지슈퍼마켓〉 등 그런 게 될까 싶은 공간들이 눈앞에 실현되고 있다.

성미산에서 성대골까지 그동안 많은 시민운동가들이 해왔던 일들을 자신들의 삶의 문제를 해결해 나가기 위해 주민 스스로 만들어가며 마을을 변화시키고 있다. 성미산과 성대골 두 군데만 소개했지만 협동조합 마을이라 불리는 충남 홍성 같은 곳은 성미산보다 더 오래되었다. 지리산 주변의 마을들도 귀농인들과 함께 새로운 변화를 만들어 나가는 대표적인 지역이기도 하다.

그런데 아직 이처럼 '마을만들기'에 참여하는 마을에 대한 정확한 통계는 없고, 또 있다 하더라도 변화의 속도를 알 수 있는 정도이다. 전국적으로 마을만들기지원센터 전국협의회에 광역과 기초단위를 가리지 않고 17개 지역이 참여하고 있고, '마을만들기 워크숍'이나 '마을신문만들기 워크숍' 등에 참여하는 인원이 50~100명 정도에 이르는 것을 보면서 대략 규모를 짐작해 볼 뿐이다. 2010년 이후 확대 추세에 있고, 박원순 시장의 당선되고 '마을공동체지원센터'가 만들어진 후 유사한 지원 기관들이 생기면서 더 급속히 확장되고 있다고 볼 수 있다.

삶과 운동의 경계를 없애며 사회적 문제를 해결하기 위해 노력하는 것 중에는 흔히 말하는 사회적 기업과 협동조합도 있다. 우리나라에서 최초로 정부가 인증한 사회적 기업 〈아름다운가게〉는 환경운동의 중요한 의제 중의 하나인 재활용이라는 사회적 문제를 해결하는 데 도전한 기업이다. 〈아름다운가게〉 이전에도 경실련의 〈알뜰가게〉나 YMCA의 〈녹색가게〉 등 재활용 운동을 하는 곳이 있었지만 사회적 기업의 형태로 시작한 것은 〈아름다운가게〉가 처음이다. 여기서 시작해 독립한 사회적 기업들도 있다. 〈에코파티메아리〉는 재활용을 통해 만든 상품들을 뉴욕 현대미술관 모마(MOMA)에 진출시켜 화제가 되기도 했고, 〈아름다운커피〉는 공정무역 운동으로 성장해 전국에 140개가 넘는 매장이 있으며, 수익금은 국내외 소외계층을 위한 기금으로 사용된다.

탈학교 아이들을 위한 프로그램으로 시작되었던 하자센터의 〈노리단〉은 문화·예술 분야 최초의 사회적 기업이다. 포스코 광고로도 유명한 노리단은 2004년 하자센터 내의 청년, 예술가, 문화기획자들이 함께 모여 재활용을 매개로 한 퍼포먼스 그룹을 만든 것이 시작이다. 공연만 하는 것이 아니라 디자인·교육 사업도 그들의 영역이다. 생태적 가치를 기반으로 한 사회적 기업들도 적지 않은데, 〈대지를 위한 바느질〉은 디자이너로서의 사회적 책임을 고민한 이경재 대표에 의해 만들어졌다. 지금은 '친환경 결혼식'으로 잘 알려져 있는데, 지역사회와 연결해 알뜰한 결혼식을 연출하는 프로그램이다. 친환경유기농 도시락을 만드는 〈소풍가는 고양이〉도 사회적 기업이다. 이처럼 사회적 기업은 사회적 문제를 해결하면서 동시에 그 일에 참여하는 사람들의 삶도 지속 가능하도록, 시장경제 내에서도 경쟁력을 확보해 가고 있다.

성미산마을 이야기를 하면서 마을기업을 언급했지만 이 역시 대부분 사회적 기업이기도 하다. 물론 법적으로 사회적 기업 인증을 받았느냐 아니냐가 이들 기업의 정체성을 가늠하는 기준은 아니다. 이명박 정부 때 우후죽순으로 늘어난 사회적 기업에 대해 오히려 우려하는 목소리가 높은 것도 사실이다. 여전히 기업 운영과 사회운동 사이의 괴리를 제대로 메우지 못하는 사회적 기업들이 정부 지원에만 의존하다 결국 문을 닫는 경우도 많기 때문이다. 그럼에도 점차 사회적으로도 자리 잡아가는 사례가 늘어나고 있을 뿐 아니라 성미산마을의 카페 〈작은나무〉나 동작구의 카페 〈사이시옷〉처럼 동네 사람들이 운영하는 작은 기업들도 생겨나고 있다.

한편 이명박 정부 마지막 해에 입법된 '협동조합법'으로 가히 협동조합 붐이라고 할 만큼 많은 협동조합들이 생겨나고 있다. 서울시만 해도 이미 1,000여 개가 넘는 협동조합이 등록되어 있을 정도

2007년 성미산마을축제 폐회식 행사로 진행한 영산줄다리기 모습이다. 성미산마을 사람들은 매년 마을
축제를 연다. 마을 축제에 참여하는 사람들이 늘어날수록 마을은 커져가는 셈이다.

로 급속히 성장하는 중이다. 협동조합은 스스로의 문제를 해결하기 위한 모임이기도 하다. 어린이집을 만들기 위한 협동조합, 고등학교 매점을 학생들에게 도움이 되도록 만들기 위해 부모들이 나선 협동조합, 금융 문제를 해결하기 위해 청년들 스스로 만든 〈토닥토닥협동조합〉, 청년들 스스로 주거 문제를 해결하기 위해 〈민달팽이유니온〉이 만든 주택협동조합. 또 에너지 문제를 해결하기 위한 〈친환경햇빛발전소〉는 태양광에너지 활용을 중심으로 만들어진 협동조합이며, 경기도 파주 및 고양 주민들이 만든 〈지혜공유협동조합〉은 시민교육이라는 의제를 세워 스스로 만들어 낸 강좌와 교육 프로그램이 운영되는 곳이기도 하다. 자신들의 문제이자 곧 사회적 문제이기도 한 의제에 도전하는 협동조합들은 앞으로 더 많이 생겨날 것이 틀림없다. 스페인의 FC바르셀로나 축구팀이 협동조합이라는 것은 많이 알려진 사실이지만 우리나라에도 사회적 협동조합으로 만들어진 축구팀이 있다는 것은 잘 모를 수도 있겠다. 챌린저스리그에 참여하는 천안FC가 바로 사회적 협동조합으로 만들어진 축구팀이다.

이런 흐름들은 각 자치단체들이 중간 지원 기관들을 설치하면서 더 확대될 것으로 보인다. 박원순 시장 취임 이후 서울시가 설치한 마을공동체지원센터, 청년일자리허브, 사회적경제지원센터는 각각 마을공동체 활동과 청년들의 모임, 사회적 기업에 대한 지원으로 이들 활동이 더욱 활발해지는 데 크게 기여했다. 특히 마을공동체지원센터의 경우에는 이를 정치적으로 바라본 보수 언론이나 새누리당에 의해 종북의 근거지라는 비난을 받기도 했지만, 지금은 새누리당 자치단체장들마저 속속 마을공동체지원센터를 만들고 특히 2014년 지방선거에서 당선된 남경필 경기도 지사가 6,000개의 마을공동체를 지원하겠다고 함으로써, 정파를 가리지 않고 앞으로도 더욱 확장되어야 하는 의제로 확인되었다.

그러나 중간 지원 기관에서 일하는 운동가들은 자치단체의 지원금으로 집행되는 사업의 성격상 규제와 제한이 생기는 문제와 행정 절차와 실제 주민들이 움직이는 시간 사이의 괴리로 인해 탄력적이지 못한 지원이 오히려 성장을 저해할 수 있다는 문제의식을 가지고, 지난 3년간의 성과에 기초해 중간 지원 기관들의 변화가 필요하다는 주장을 하고 있다.

시민운동과 거버넌스의 발전

중간 지원 기관 이야기를 하다 보니 시민운동과 연결된 개념 중에 많이 거론되는 거버넌스(Governance) 이야기를 해야 할 것 같다. 거버넌스란 용어를 처음 접한 것은 경실련 활동을 하면서였으니 1990년대 초·중반 어디쯤 되는 것 같다. 당시는 정부와 민간이 함께 공동 의제에 대해 이야기한다는 것만으로도 큰 이슈가 되던 시절이었다. 대표적 예로, 김영삼 정부가 들어서고 나서 경실련이 경제기획원에 김영삼 정부의 신경제정책에 대한 토론회를 열자고 제안하고 당시 강봉균 차관보가 이에 흔쾌히 응하며 신경제정책 토론회가 열린 것이 큰 화제가 되었다. 각 언론사의 경제면이 아니라 1면 톱기사로 실린 경우가 적지 않았다. 시민단체의 토론회에 정부 경제기획원의 차관보와 과장이 함께 패널로 나선 일은 처음이었기 때문이다. 요즘에야 방송사 심야토론에서 흔히 볼 수 있는 형식이지만 당시로서는 파격이었다.

그 무렵부터 거버넌스란 개념을 자주 사용했던 것으로 기억한다. 우리말로 '협치'라고 번역되는 거버넌스란 개념은 정부의 영어식 표현인 거번먼트(Government)와 구별되는 것이었다. 통치라는 표현 대신 협치라는 말을 사용한 것처럼, 거버넌스란 민간과의 협의가 통치의 중요한 수단이 되었다는 의미 정도로 이해되었고, 민간이 참여하는 수많은 위원회가 협치의 중요한 수단처럼 인식되었다. 초기에는 정부가 해결하기 어려운 문제들을 함께 해결해 가는 파트너란 의미나 정부가 하기 어려운 일을 민간이 대행해 준다는 의미 정도로 이해되다가 점차 옴부즈맨 제도 등 단순히 논의 테이블을 함께하는 것을 넘어서 행정 과정에 시민들이 참여하는 것을 가리키게 되었고, 참여 예산조례 등 부분적으로 의사결정 과정에도 참여할 수 있는 공간이 만들어질 정도로 제도화되어 갔다.

무엇이 거버넌스인가를 두고 많은 논란이 있지만, 경험적으로 보면 거버넌스의 개념이 확장되어 왔다고 느껴진다. 1980년대부터 거론되기 시작한 거버넌스란 개념이 우리 사회에서 현실적 의미를 획득하기 시작한 것은 김영삼 정부 이후이고 그 내용이 점점 확장되어 온 것도 사실이다. 다양한 개념이 있기는 하지만, 넓게는 기존의 전통적인 정부기관뿐 아니라 자율적이고 독립적인 주체들까지를 포함한 조정이나 관리라는 의미로 쓰이거나, 좁게는 공공 영역과 시민 사회 간의 네트워크 방식의 수평적 협력의 의미로 쓰인다고 할 수 있다. 여기서는 학문적 논의 과정보다는 사회운동을 하면서 거버넌 스란 개념을 어떻게 이해해 왔는지를 말해 보려 한다.

필자가 이해하는 거버넌스는 정부의 의미, 정부의 업무 방식의 변화이다. '정부(government)'는 공식적인 권위, 선거로 선출된 사람에 의해 조직된 권위, 유권자들이 위임해 준 권위에 근거한 활동을 지칭하는 반면, '거버넌스(governance)'는 공유하고 있는 공동의 가치나 목표에 근거해 조직되는 행위라고 할 수 있다. 말하자면 지금의 시대는 '정부에서 거버넌스로(from government to governance)'로 정부의 업무 방식이 변화하고 있는 시대이다. 이 경우 거버넌스는 중앙정부, 지방정부, 정치적·사회적 단체, NGO, 민간 조직 등의 다양한 구성원들이 기존의 상하 관계 식의 명령과 통제로 이루어지는 위계적 조직이 아니라 네트워크로 움직인다는 의미이다. 즉 모든 참여자들이 상호 독립적이라는 것이다. 물론 그렇다고 해서 모든 참가자가 권한이나 책임이 동등한 것은 아니다. 다만 민간 차원의 조직들에게 정책 결정이나 예산 집행의 권한을 나누어 주는 것이 더 이상 예외적인 일은 아니다. 이미 유럽 등지에서는 정부와 NGO 사이에 협약을 맺어 일정한 임무와 범위 안에서 NGO 스스로 예산을 집행할 수 있도록 하는 경우도 생겨나고 있고, 영국은 아예 정부에 시민사회부를 두고 있기도 하다. 말하자면 전통적인 하향식 통제보다 공동으로 합의되는 규율이나 공동의 가이드라인 등이 더 강조되고 있는 것이다. 이런 업무 방식의 변화가 확장되는 이유는 더 이상 하향식 통제의 정부 업무 방식으로는 '통치'가 불가능한 사회가 되어 가고 있기 때문이다.

사회는 더욱 복잡해지고 다원화되고 있으며 무엇보다 정보화로 인해 더 이상 정부의 일률적인 통제와 모니터도 불가능한 시대이며 정보의 독점 또한 불가능한 시대이다. 이러한 점은 다양한 계층 갈등이 과거보다 더 중요한 사회적 갈등 양상으로 전개되고 있다는 사실에서도 알 수 있다. 또 중앙정부의 일방적 정책 집행이 주민들의 이익에 부합하지 않을 경우 과거처럼 순순히 받아들이는 상황이 더 이상 용인되지 않는다. 앞서 살펴본 한약 분쟁이 대표적 경우이고, 2014년 현재 끊임없이 논란이 되고 있는 밀양 송전탑 문제도 마찬가지이다. 이제 거버넌스라는 정부의 업무 방식 변화는 사회의 변화와 더불어 필연적인 것이 되었다.

더구나 미네르바 사건이나 위키리크스 사건에서 보듯 정부가 더이상 정보를 독점할 수 없는 세상이란 과거처럼 정보 소유의 비대칭을 무기로 권력을 행사하는 것이 가능하지 않다는 것을 의미한다. 오히려 정보를 공유하고 공개하면 시민사회의 창의적 노력들이 더해져 더 나은 결과를 만들게 된다.

영국 총리 데이비드 캐머런은 '다음 세대의 정부'라는 테드(TED) 강연에서 시대를 관료제 이전의 시대, 관료제 시대, 관료제 이후의 시대로 나누었다. 관료제 이후의 시대인 지금은 시민사회와 함께 공동체를 만들어 나가기 위해서 정부의 투명성과 책임성이 과거보다 훨씬 중요하며, 일차적으로 공적 정보를 투명하게 공개하고 점차 권력을 시민들과 나누어야 한다고 말하고 있다. 이처럼 거버넌스에서 가장 중요한 점은 바로 투명한 정보 공개와 공유이다. 정보를 독점하고 있으면서 공동의 규제를 만들거나 가이드라인을 만들 수는 없기 때문이다.

다음으로는 정부가 가진 권력을 분산하는 것이다. 정책 결정 과정에 더욱 많은 시민들이 참여할 수 있도록 논의하는 과정을 만들고 함께 결정할 수 있는 수단들을 만들어 내야 한다. 영국의 사회학자 앤서니 기든스는 저서 《제3의 길》에서 자율적이고 독립적인 수많은 조직들에게 권력을 분산하는 것이 민주주의를 확장하는 것이라고 했다. 말하자면 거버넌스는 변화된 시대적 조건에 맞게 민주주의를 확장하고 심화시켜 가는 길이기도 하다. '타운홀 미팅', '원탁회의', '충남도민정상회의', '청책', '서울시정책박람회' 등과 같이 시민들이 참여할 수 있는 논의 과정을 만들어 내고 참여예산조례, 주민투표 등 다양한 방법으로 시민들이 정책 결정 과정에 참여할 수 있는 제도를 만드는 것이 중요하다.

24

개인과
조직의 경계를
허무는 사람들

21세기에 들어서 네트워크가 급속도로 발전하고 웹 2.0이라 불리우는 변화 안에서 조직의 성격이 변하기 시작했다. 조직은 더이상 하나의 '단위'가 아니라, 구성원들이 어떠한 목적과 목표를 위해 움직이는 극히 유연하고 형체가 급변하는 하나의 유기체가 되어 버렸다. 다음 아고라, 위키피디아, 페이스북 등에서 끊임없이 목격되는, 어떤 목적에 의해 움직여지며 창발했다 사라지는 그 유기체를 말하는 것이다.

– 김태우, 〈조직을 바라보는 또 하나의 관점〉, 태우's log(http://twlog.net)

조직에 대한 다른 생각들을 굳이 강조하지 않더라도 기존의 시민운동과 관계없이 '디지털 네이티브'이기도 한 세대들은 이미 다양한 플랫폼을 만들어 움직이고 있다. 촛불 시위 때 다음의 아고라는 정치적 논의와 행동을 위한 플랫폼으로 역할했다. 이 무렵부터 '쌍코', '엠엘비파크' 같은 카페들도 정치적 논의와 행동을 위한 플랫폼 역할을 하고 있다. 이런 공간들은 일상적으로 정치적 행동을 하는 것이 아니라 특정한 이슈와 사안에 대해서 플랫폼 역할을 하고 있다.

조직이 아니라 플랫폼이다

변화를 위한 행동에는 꼭 정치적 행동만 있는 것은 아니다. 각자의 경험을 나누고 공유하는 것으로부터 변화가 시작되기도 한다. 경험을 나누고 공유하도록 돕는 경험 공유 플랫폼 〈위즈돔〉은 2012년부터 지금까지 3,000여 건에 가까운 만남을 연결하고 2만 명이 넘는 사람들이 그 연결을 통해 만나도록 도왔다. 〈위즈돔〉은 사회적 기업이기도 하다.

　시민단체들이 활동이나 행사를 만들려면 자금이 필요하다. 대개는 회원들의 회비에 기대지만 정부나 기업의 후원에 의존하기도 한다. 그 때문에 때로 논란이 되기도 한다. 그래서 시민들의 직접 모금에 호소하기도 한다. 이 또한 변화된 사회의 모습을 반영하는 것으로, 일상적으로 회비를 내기보다 자신이 공감하는 활동과 행사를 후원하는 모습으로 바뀌어 가고 있다. 회비를 내는 단체가 늘 맘에 드는 일을 하는 것은 아니기 때문에 누군가 정보를 제대로 전달해 주기만 한다면 자신이 동의하는 행사나 활동에 후원하는 방식을 선호하게 된다. 쌍용차 노조에 대한 탄압으로 이루어진 손배소 소송에 따르는 비용을 만들기 위한 아름다운재단의 '노란봉투'

캠페인에 참여하는 사람들의 경우가 그렇다. 아름다운재단의 모금 사이트 〈개미스폰서〉는 크라우드 펀딩으로 사회활동을 돕는 플랫폼 역할을 한다. 〈텀블벅〉도 대표적이다. 2011년에 만들어진 〈텀블벅〉은 문화, 예술, 사회운동 등 영역도 넓다. 사회운동에 집중하는 모금 플랫폼으로는 〈소셜펀치〉가 있다. 이런 모금 플랫폼들은 회비 내는 방식으로 시민단체를 돕는 방식을 바꾸고 있는 셈이다.

모임을 돕는 플랫폼 중에 〈집밥〉이라는 곳이 있다. 소셜다이닝 이라는 새로운 흐름과 관련이 있는 플랫폼인데, 소셜다이닝(Social-Dining)은 고대 그리스의 식사 문화인 '심포지온(Simposion)'에서 비롯되었다고 한다. 미국의 대표적인 소셜다이닝이 〈그럽위드어스(grub with us)〉라면, 우리나라에서는 2012년 〈집밥〉이 최초로 시작했다. 2014년 5월, 〈집밥〉의 누적 모임은 3,700개가 넘었다. 혼자 먹기보다 함께 먹으며 공통의 관심사와 일상을 주제로 이야기를 나누는 모임이다.

서울시 중간 지원 기관의 하나인 청년일자리허브에서 열리는 모임 중에 〈청년참〉이라는 플랫폼도 있다. 한 달에 한 번 모임을 갖는데 참여하는 서울시 내 청년 모임이 200여 개가 넘는다. 정말 다양한 청년들의 모임이 '반상회'라는 이름으로 모여서 서로를 소개하고 비슷한 관심사가 있는 모임들끼리 새로운 활동을 함께 모색하기도 하는 등 자연스런 교류의 장이 되고 있다.

지난 3~4년 사이에 늘어난 몇 가지 플랫폼을 소개해 보았다. 이런 플랫폼을 통해 사람들과 모임이 연결되고 새로운 '사건'들이 생겨난다. 기존의 시민단체들이 토론회를 열던 것이나 회원 모임을 열어 대화하고 강좌를 열던 것, 정치적 압력을 가하기 위해 회의를 열던 일들은 이제 이런 플랫폼을 통해 일상적으로 사람들이 논의하고 참여하는 흐름으로 급속히 대체되고 있는 것이다.

플랫폼을 매개로 네트워크 된 개인들

다양한 플랫폼이 조직의 경계를 허물고 있다면 이런 플랫폼들을 매개로 하여 개인들이 네트워크 되면서 활동하는 경우들도 많아졌다.

최근에는 스스로를 '인디활동가' 또는 '독립활동가'로 부르는 시민운동가들을 심심찮게 만날 수 있다. 어떻게 보면 필자 자신도 지난 몇 년간은 단체를 만들기도 했지만, 대개는 개인으로 일하는 때가 많았다. 스스로도 조직이라는 경계 안에 가두어 두지 않으려 했다.

그러나 기존의 시민운동가들 중에서 '인디(독립) 활동가'로 변화한 사람들보다는 특별히 운동가라 하지 않으면서도 새롭게 운동의 지평을 넓히거나 새로운 시도들을 해 나가는 사람들이 부쩍 늘어났다. 이런 새로운 전형을 보인 사람 중에 배우 김여진이 가장 기억에 남는다. 배우라는 자신의 직업을 포기한 적이 없지만 일정한 기간 또는 특정한 사안에 대해 대응하던 모습은 당시 어떤 활동가나 시민단체 못지않았고 때로는 그 이상이었다.

2011년 1월 홍익대에서 170여 명의 청소 노동자들이 무더기로 정리해고를 당한다. 기존 용역업체가 인건비 협상에서 실패해 입찰을 포기하자, 기존 노동자들이 고용 승계를 보장받지 못하게 되었기 때문이다. 이들의 농성이 사회적으로 그다지 관심을 받지 못하고 있을 때 배우 김여진은 트위터를 통해 이들에 대한 관심을 촉구했고, 농성장에 직접 방문하면서 문제를 더 분명하게 알려 나갔다. 이에 호응한 사람들이 김여진과 함께했다. 이들은 스스로를 '날라리 외부세력'이라고 칭하면서 농성을 지원했고, 결국 홍익대 청소노동자들은 49일 간의 농성 끝에 학교로부터 전원 고용 승계를 보장받고 이전 계약보다 높은 인건비를 받게 되었다. 이후에도 부산 한진중공업의 크레인에서 100일 넘게 고공농성을 하고 있던 김진숙 씨에 대한 관심을 촉구하면서 마침내 김진숙 씨가 내려올 수 있는 조건을 만드는 데 기여하기도 했다. 당시 그가 "그곳에도 사람이 있다."라고 한 한마디는 많은 사람들에게 해고가 단지 이미 해고되어 버린 어느 누구의 문제가 아니라 누구라도 해고자가 될 수 있다는 점에 공감하게 했고 노동운동에 대한 새로운 연대의 모습을 만들어 낸 '희망버스' 캠페인으로 발전하는 데 큰 기여를 하게 된다. 연이어 제주 강정 해군기지 문제까지 관심을 보여 전국적 관심을 끌어내는 데도 기여했고, '반값등록금' 문제의 이슈화에도 기여했다. 2011년과 2012년으로 이어지는 짧은 기간이었지만 그해의 시민운동가를 뽑으라면 단연 김여진이 아닐까 싶을 정도로 그 역할은 작지 않았다.

김여진 씨처럼 사회적으로 주목받는 활동을 만들어 내는 사람뿐 아니라 사회적으로 주목받고 있지 못해도 특정한 주제나 특정한 영역에서 스스로 사회운동을 한다는 자각 없이 변화를 만들어 내는 데 기여하는 개인들이 있다. 파주에는 '똑똑도서관'이라는 곳이 있다. 관장인 김승수 씨는 자신의 집을 동네 사람 누구나 이용할 수 있는 도서관으로 만들었다. 일정한 시간에 자신의 집을 노크하면 누구라도 함께할 수 있다는 것이다. 자연스레 동네 사람들의 모임이 이 집을 매개로 만들어졌다. 대학에서 강의를 하고 있지만 그는 아파트 입주자 대표를 지내기도 했다. 입주자 대표를 지내면서 아파트 주민들과 함께 아파트 문제를 해결하기 위해 '주민 컨퍼런스'를 열기도 하고, 동네 음악회를 만들어 내기도 했다. 김 관장은 이때의 경험을 기반으로 새로운 방식의 대화 모임을 만드는 교육 프로그램의 강사로도 활동 중이다.

공정무역 카페나 나눔 카페 등 사회적으로 가치 있는 일들을 매개로 공간을 운영하는 사람들이 늘어나고 있지만 어디에 있는지 알기도 어렵고 알려 주는 곳도 없을 때 관심을 갖고 발품을 팔아 일일이 인터뷰하면서 관련 지도를 만들어 낸 사람도 있다. '바이왓 유빌리브(Buy what you believe, http://www.bwyb.net)'는 주부 신혜숙 씨가 다니던 기업을 나와 스스로 만든 홈페이지다. 자기가 좋아서 시작한 일이지만 전국 각지의 좋은 공간들을 잘 소개해 주고 있다. 이런 일들이 의미 있는 것은 이런 공간들을 매개로 새로운 네트워크가 형성되고 있기 때문이다. 공간들을 잘 연결해 주는 〈페어스페이스〉라는 사회적 기업도 있지만 이들은 다양한 공간에 대한 세심한 정보를 가득 채워 놓았다. 공간의 중요성에 착안한 사람이라면 누구나 관심을 가질 만한 일이다.

'더체인지'는 이런 개인 활동가들의 네트워크다. 더체인지는 사무실도 없고, 상근자도 없다. 그러나 세상을 바꾸는 방법에 대한 생각을 공유하는 독립적 활동가들이 연결되어 '모이고 떠들고 꿈꾸는 방법'에 대한 워크숍을 연다. 이 워크숍에 참여한 사람들은 다시 더체인지와 연결되어 다음 프로그램을 함께한다. 조양호, 이창림, 김승수 등 독립적으로 활동하는 사람들이 주축이 되어 운영하고 있는 이 프로그램을 거쳐 간 사람들은 어느새 100명이 넘는다. 인디 활동가, 독립활동가들의 대표적인 네트워크라 할 만하다.

25

공간이
운동한다

———

필자는 한 10여 년 전부터 공간이 운동을 한다는 이야기를 하고 다녔다. 이런 생각을 처음 하게 된 것은 옥천에 살고 있는《옥천신문》전 대표 오한흥 씨 덕분이다. 오 대표가 조선일보를 구독하지 말자는 안티조선 운동을 하고 있을 때 그의 집은 언론 개혁 운동을 하는 사람들을 위한 공간이었다. 월간《말》의 기자였던 정지환의 소개로 오 대표 집을 방문하게 되었는데, 그의 집은 크게 네 개의 공간으로 나뉘어 있었다. 식구들이 사는 공간, 전형적인 시골집처럼 따로 떨어져 있는 화장실, 방문한 사람들과 함께 음식을 해 먹으며 이야기할 수 있게 화덕을 설치한 공간, 그리고 방문한 사람들이 숙박을 할 수 있는 게스트하우스이다. 다 스스로 짓고 만든 공간이었다. 재미있게도 전부 '안티조선'을 상징하는 구호들로 그 공간들을 설명하고 있었다. 게스트하우스 벽은 일종의 '소셜 방명록'으로 다녀간 사람들의 이름이 빼곡히 적혀 있었다. 전국의 언론 개혁 운동을 하는 단체나 그룹, 신문방송학 전공 학생들뿐 아니라 필자가 아는 사회운동하는 사람들은 이미 다 다녀간 듯 보였다. 오 대표는 이렇게 자기 집에 앉아서 전국의 유력한 사회운동가들과 교류하고 있던 셈이었다. 그가 옥천에서 이룬 안티조선 운동의 성과가 물론 기반이 되었지만 그의 집 또한 안티조선 운동의 상징적 공간처럼 보였다. 이렇게 연결된 사람들이 결국은 옥천에서 매년 전국 행사로 언론 문화제를 여는 바탕이 되었다는 것을 알고 필자는 공간이 갖는 힘과 매력에 대해 생각해 보게 되었고, 이후로 공간의 중요성을 이야기하고 다니게 되었다. 씽크카페를 만들게 된 배경이기도 했고, 〈함께하는 시민행동〉이 성미산마을에 다른 단체들과 함께 건물을 만들 때 마을 사람들에게 소극장을 위한 공간을 내어 주자는 결정을 하게 된 배경이 되었다. 성미산마을에 소극장이 생기자 여러 개의 마을 연극 동아리가 생겨났다. 역시 공간이 가져온 변화다.

노동하는 과정이 다르면 생산물도 다르다

공간의 중요성에 대해서는 이미 여러 사람이 이야기하기도 했다. 영국의 처칠은 1943년 2차대전으로 무너진 국회의사당을 다시 짓겠다며 "우리가 건축을 만들지만, 다시 그 건축이 우리를 만든다."라는 유명한 말을 남겼다. 우리 시대 빈자의 미학으로 유명한 건축가 승효상도 비슷한 이야기를 한 적이 있다. 그는 "사람이 집을 만들고, 집이 사람을 만든다."고 했다. 시대를 달리하며 전하는 이야기지만 공간이 사람들의 삶에 미치는 영향을 한마디로 함축한 말들이다.

푸코의 파놉티콘은 근대적 공간 구조를 잘 설명하는 것이기도 하다. 원형 감옥의 모습은 사실 학교 교실의 모습이기도 하고, 사무실 구조이기도 하다. 그런 공간에서 창의적 발상과 자유로운 사고가 만들어지기 어렵다. 왜 구글이 사무실 공간에 놀이가 가능한 시설을 해 놓았으며 사무실인지 카페인지 구별이 안 되게 바꾸어 놓았는가를 생각해 보면 된다. 다음이 제주에 '스페이스닷원'이라는 사옥을 지을 때 기존의 전형적인 사무실 공간의 모습을 버리고 놀이와 휴식, 업무가 한 공간 안에서 이루어질 수 있게 설계한 이유도 마찬가지이다. 노동하는 과정이 다르면 생산물이 다르게 나오기 마련이다.

상근자가 그리 많지 않은 단체에 강의를 하러 간 적이 있는데, 그 단체는 크지는 않지만 자신들이 지은 건물에서 일하고 있었다. 크지 않은 공간이라 회의실과 교육 공간 등을 제외하면 사무 공간은 상근자 10여 명이 책상을 다닥다닥 붙여 놓고 일해야 하는 정도로 작은 규모였다. 공간 설계를 굳이 다시 바꾸지 않더라도 공간을 다시 구성하면 훨씬 좋은 환경에서 일할 수 있겠다는 이야기를 나누게 되었는데, 그것은 곧 일하는 방식을 바꾸는 것과 연결되어 있다는 데 생각이 미쳐 근무하는 사람들의 조건을 물어보니 결혼해서 아이를 돌봐야 하는 사람들이 절반쯤 되었다. 이 활동가들이 굳이 정시에 출퇴근할 필요가 있을까? 사무실에 꼭 나와야 하는 일이 있는 날이 아니라면 어린이집에 아이를 맡기고 동네 주변의 카페나 집에서 근무하면 사무실에 전체 상근자의 책상이 다 필요하지 않게 되고 그러면 훨씬 쾌적한 환경으로 사무실을 운영할 수 있지 않을까? 하는 생각을 해 보았던 기억이 있다.

공간이 운동한다는 말은 일하는 사람들이나 공간과 관계 맺는 사람들이 생각하는 가치와 활동 내용에 맞게 공간이 구성될 필요가 있다는 이야기이기도 하고, 공간이 지향하는 가치와 목적에 따라 설계하면 그에 공감하는 사람들과 쉽게 네트워크 될 수 있다는 이야기이기도 하다. 건축가 승효상의 건축 철학 중에 '비움'이라는 것이 있다. 공간과 관계 맺는 사람들이 시간을 공유하면서 비어 있는 공간을 채우고 함께 만들어 가는 것이 진짜 건축이라는 말이다. 마찬가지로 공간이 운동하려면 이용하는 사람들이 그 공간의 가치와 의미를 함께 만들어 갈 수 있도록 공간이 설계되고 운영되는 것이 중요하다.

새로운 가치를 창조하는 공간들

2010년대에 들어서면서 공간에 대한 이런 생각이 공유되고, 협업을 하려는 사람들을 위한 플랫폼 역할을 한다는 점 때문에 좋은 공간들이 많이 생겨나고 있다. 이미 영국에서는 '허브'라는 공간이 10여 년 전부터 생겨서 그런 역할을 했고, 세계적인 네트워크를 형성하고 있기도 하다. 우리나라 서울 강남에 진출해 있기도 하다. 허브

씽크카페를 주로 이용했던 청년들이 만든 'The next'의 활동모습. 이들은 사무실도 상근자도 없지만 카페라는 공간을 매개로 다양한 프로그램을 만들어 간다.

를 이용하는 회원들은 패스포트가 있다. 세계 어느 곳이라도 이 패스포트가 있으면 그 도시에 있는 허브 공간을 사용할 수 있다.

서울 시청 근처의 〈스페이스노아〉는 치과의사의 도움으로 만들어진 공간으로 사회 혁신을 고민하는 사람들의 관련 모임이나 행사들이 열리면서 네트워크를 형성해 가고 있다. 지리산의 공간 〈토닥〉은 지리산 일대의 지역운동을 하는 사람뿐 아니라 '모떠꿈' 등 새로운 사회 변화 방법에 대해 고민하는 사람들이 연결되는 플랫폼 기능을 하고 있는 공간이다. 전국 마을신문 워크숍이 여기서 열렸고, 유사한 모임들이 자주 열린다. 대전의 〈산호여인숙〉은 그 자체로 도시 재생과 관련해 혁신적인 모델이기도 하고, 대전 지역의 문화기획자, 사회 혁신을 생각하는 사람들의 플랫폼이다. 입주해 있는 작가들의 전시 공간이기도 하다. 여인숙이라는 오래된 과거를 상징하는 공간이 없어지려 하자 청년 두 사람이 매입해서 여인숙이라는 이름을 그대로 두고 건물 내부도 그대로 둔 채 게스트하우스로 만들면서 문화기획자들의 허브 역할을 하고 있고 대전 구도심의 변화에 기여하고 있다. 전주의 유명한 재래시장인 남부시장은 다른 재래시장과 마찬가지로 과거의 영화를 뒤로하고 초라해져 가던 차에 〈청년몰〉이라는 청년들이 운영하는 가게들이 들어 올 수 있도록 공간을 내주면서 사람들이 다시 찾는 시장으로 변화했다. 서울 홍대 근처에는 〈허그인〉이라는 나눔 카페도 있다. 나눔운동을 생각하는 사람들의 허브를 꿈꾸는 사회적 기업이기도 하다.

그 외에도 다양한 공간들이 유사한 고민을 하는 사람들을 위한 플랫폼이나 허브 역할을 꿈꾸며 생겨나고 있다. 다양한 공간들에 대한 소개는 앞서 소개한 '바이왓유빌리브' 홈페이지를 방문하면 자세히 볼 수 있다. 좋은 공간은 좋은 변화를 만든다.

26

경계를
넘나드는 운동

―――――

사회 변화에 따른 새로운 운동 조직들이 만들어지고 있는 것도 주목해야 한다. 노동운동의 경우에 비정규직이 많아지면서 기존의 민주노총이나 한국노총이 자신들의 조합원 수는 유지하거나 증가하더라도 포괄하지 못하는 노동자들이 많아지면서 노조 조직률이 낮아지고 있다. 그런 와중에 새로운 형태의 노동조합들이 등장했다.

그 첫 흐름은 청년들이 시작했다. 〈청년유니온〉이 그것인데, 취업하기 힘든 청년들이 주로 아르바이트로 살아가는 현실, 청년이라는 세대 자체가 사회적으로 어려운 상태에 처했음을 드러내며 청년들의 삶의 조건과 노동조건을 개선하기 위해 2010년 창립했다. 창립 당시 60명의 조합원으로 출발한 〈청년유니온〉은 현재는 1,000여 명에 가까운 조합원이 가입해 있다. 배달 아르바이트를 하며 늘 위험을 안고 살고 있는 노동조건을 개선하기 위해 '30분 배달제' 폐지 운동을 소셜미디어를 통해 사회적 이슈로 만들어 배달업체들이 동참하게 만드는 성과를 내기도 했다. 또 노동조합으로 정식 인정된 후 서울시와 단체교섭을 이루어 내기도 했다.

노령 인구가 많아지는 사회 변화를 반영하듯 2013년에는 〈노년유니온〉이 창립되기도 했고, 아르바이트로 생활을 하는 청년들이 별도로 '알바연대'라는 비영리단체에서 출발한 〈알바노조〉를 만들기도 했다. 대기업, 정규직으로 대표되는 노동운동의 구심점으로 민주노총이 지난 30여 년간 활동해 왔던 것에 비추어 보면, 세력은 작지만 노동 양태의 변화를 반영한 노동운동 조직들이 만들어지고 있음을 알 수 있다.

이렇게 단체나 노조를 만드는 움직임뿐 아니라 같은 처지에 있는 사람들이 모여 스스로의 문제를 해결하려는 모임도 만들어지고 있다. 실패로 끝나기는 했지만 '솔로대첩'은 청년 세대의 결혼 문제를 다시 생각하게 만드는 모임이었고, 대전과 서울 등지에서 원룸에 사는 사람들의 문제를 함께 의논하기 위해 '원룸작당모의'라는 모임이 열리기도 했다. 〈서울소셜스탠다드〉라는 사회적 기업은 아예 원룸에 사는 사람들이 함께 살 수 있는 셰어하우스를 서울이라는 도시의 새로운 사회적 표준으로 보고 실제 주택을 만들어 운영하기도 한다.

이처럼 우리 사회의 새로운 문제와 현상에 대응하는 움직임은 관련 주체들의 자발적 움직임에 의해 새로운 조직과 모임으로 발전해 나가면서 이전과는 다른 사회운동의 영역을 만들어 내고 있다.

영리와 비영리의 경계도 허문다

기존의 시민단체나 비영리단체 영역 말고 영리 영역에서도 사회적 문제의 해결에 도전하는 흐름이 생겨나고 있다. 바로 '임팩트 투자'라는 영역인데, 우리나라에서는 〈소풍〉이 대표적이다. 소풍이 투자한 경우들은 〈쏘카〉 같은 공유 경제를 상징하는 카셰어링 업체나 〈카페슬로비〉처럼 이주민이나 청년을 위한 운동으로 전개되는 사회적 기업, 모임 정보를 나누는 플랫폼인 '위즈돔' 등이다. 새로운 사회적 가치를 지향하는 모임이나 사회적 기업을 통해 사회 문제를 해결함과 동시에 사회적 경제 영역을 확장함으로써 새로운 경제 생태계를 창출하는 데도 관심을 기울이고 있는 것이다. 이미 유럽이나 미국에서는 새로운 투자 형태로 관심이 커지며 정부 차원에서도 대응을 하고 있지만 우리나라에서는 아직은 미미한 상태이다. 서울시가 '사회투자기금'을 설치하고 대응하고 있는 정도이다. 〈소풍〉은 다음의 창업자인 이재웅 씨가 출연해 만들었다.

영리와 비영리의 경계를 허무는 대표적 경우는 사회적 기업과 협동조합이다. 사회적 기업은 노무현 정부 말기에 지원에 관한 법이 만들어진 후 이명박 정부의 일자리 늘리기 정책과 맞물리면서 급속도로 늘어났다. 그러나 처음부터 정부 지원을 통해 유지되는 경우들은 과거 '사회적 일자리'라는 이름으로 추진되던 빈곤층이나 장애인, 노인 등에 대한 지원 사업과 크게 다르지 않을 정도로 사회적 의미를 부여하기는 어려웠으나, 점차 사회적 기업을 통한 사회문제 해결이라는 원래의 취지에 맞는 모임들이 늘어나면서 사회적 경제의 중요한 축으로 성장하고 있다. 이미 소개한 〈아름다운가게〉나 〈아름다운커피〉를 비롯해 공정무역에서 '그루'라는 브랜드를 가지고 있는 〈페어트레이드코리아〉, 도시락 배달 업체인 〈소풍가는 고양이〉, 결혼 문화의 변화를 위해 활동하는 〈대지를 위한 바느질〉, 공정 여행사인 〈트래블러스맵〉 등 여러 영역에서 자리 잡아 가고 있다. 서울시나 성북구 등은 '사회적 경제 지원조례'를 만들어 이런 흐름을 지원하고 있기도 하다.

협동조합은 이명박 정부 마지막 해였던 2012년 법이 제정된 이후 2년도 지나지 않은 2014년에 서울에서만 1,000개가 넘게 등록했을 정도로 폭발적인 증가를 보여주고 있다. 사회적 기업에 이어 사회적 경제의 중요한 축으로 성장할 가능성을 보여주고 있는 셈이다. 기본법으로서 협동조합법이 만들어지기 전에 특별법에 기초해 성장한 생협운동은 특히 한살림이나 아이쿱생협의 성장이 두드러지고 의료생협도 계속 늘어나는 추세다. 특히 1990년대에 활동하던 다섯 개의 지역 생협이 모여 1997년 21세기생협연대라는 이름으로 출발한 아이쿱생협은 소비자 생활 협동조합으로 지금은 조합원 수가 20만 명이 넘고 매장도 80여 개가 생겼으며, 괴산과 구례에 농산물 가공 공장 등을 만들면서 사회적 경제 영역에서 적지 않은 비중을 차지하기 시작했다. 2014년 아이쿱생협 전체 매출액은 4,800억 원 정도로 우리나라 사회적 경제 영역에서 가장 큰 규모이다. 사회문제 해결을 위한 조합원들의 활동도 두드러져 스스로 활동가라 부르는 조합원이 2,000여 명에 이른다.

사회운동인 듯 아닌 듯한 사회운동

간략히 소개했지만 그 외에도 다양한 형태로 사회운동들은 진화하고 있다. 기존의 시민단체만을 사회운동의 영역으로 생각하거나 노동조합 운동 등 전통적인 민중운동과 인권운동을 중심으로 생각하게 되면 이런 새로운 변화들은 사회운동으로 보이지 않을 수도 있다. 이들이 움직이는 방식은 기존의 시민단체나 전통적인 민중단체들처럼 활동가와 전문가 중심도 아니다. 때로는 개인이기도 하고 때로는 공간이기도 하고 때로는 웹사이트나 네트워크이기도 하다. 때로는 영리와 비영리의 경계가 없기도 하고 자치단체가 지원하는 중간 지원 기관들과 함께 얽혀 있기도 하다. 책의 말미에 몇 개의 흐름을 소개해 두었다.

이런 변화된 문법에 익숙한 사람들 중에는 1999년에 만들어진 하자센터와 관련된 사람들이 적지 않다. 아마도 하자센터의 관심과 그 관심을 실현해 나가는 과정에서 시도한 색다른 방법들 때문으로 보인다. 하자센터의 정식 명칭은 '서울시립청소년직업체험센터'이다. 명칭이 의미하듯 공교육이 만들어 주지 못하는 다양한 창의적 문화 프로그램과 내부의 대안학교를 통해 청소년들의 대학 진학과 취업뿐 아니라 청소년 스스로 삶을 설계하고 공동체를 만들어 가

2010년 윤리적 소비라는 가치를 일상 생활에 담아 아이쿱생협의 조합원들이 결성한 '윤리적 소비를 하는 엄마들(윤소맘)' 회원들이 중간단계를 거치지 않은 친환경배추를 소비하자는 캠페인을 펼치고 있다.

며 사회적 기업 창업 등을 통해 창의적인 전문가로 성장하도록 돕는다. 실제로 하자센터는 크게 두 가지 방향의 사업 모습을 보여주는데, 하나는 청소년들의 창의성을 기르는 문화 프로그램과 대안학교이고 다른 하나는 사회적 기업의 창업이다. 전자에 참여한 경험이 있는 청소년들은 이후에 다양한 사회 혁신 프로그램이나 단체들에서 활동하거나 스스로 단체를 만들고 있고, 후자의 경우는 이미 꽤 알려진 사회적 기업들의 주축이 되기도 했다. 2004년 문화 부분 최초의 사회적 기업 〈노리단〉을 시작으로 해서 결혼 이주 여성의 문제에 관심을 가지고 있는 '오가니제이션요리'가 일구어 낸 사회적 기업 〈오요리〉와 〈카페슬로비〉, 여행을 매개로 한 대안학교 '로드스꼴라'를 운영하고 있기도 한 공정 여행사 〈트래블러스맵〉, 생태적 가치에 관심을 갖고 결혼 문화를 혁신하려는 〈대지를 위한 바느질〉, 친환경 유기농 도시락 업체인 〈소풍가는 고양이〉 등이 모두 하자센터와 관련이 깊다.

하자센터를 거쳐 간 이들은 '하자마을 사람들'로 불린다. 이들은 하자센터가 가진 자유롭고 창의적인 분위기 속에서 사회와 개인의 삶에 대한 진지한 성찰을 공유하는 사람들의 네트워크를 만들면서 서로 협력하며 끊임없이 새로운 프로그램을 만들어 내고 있다. 사회 혁신 운동으로 불리기 시작한 사회운동에 참여하는 적지 않은 수의 사람들이 '하자마을 사람들'임을 떠올리면 2000년대 하자센터는 새로운 사회운동의 흐름을 만들어 가는 의미 있는 저수지 역할을 한 셈이다.

물론 다수가 공감하는 정치적이고 사회적인 이슈와 의제들에 대응할 때는 기존의 시민단체들이 훨씬 풍부한 자원과 네트워크를 만들어 낸다. 또 의회와 정부를 상대로 한 압력을 조직할 때 여전히 그 중심에 서 있다. 그러나 변화된 시대적 조건에 맞게 사회적 토대를 넓히고 새로운 정치적 영향력을 획득해 가는 흐름 또한 본격적으로 성장하는 중이다. 이런 흐름들은 과거처럼 규율이 잡힌 단일한 연대 조직을 만들려고도 하지 않고, 만들 이유도 없다고 생각한다. 공감하는 목표와 과제가 생겨나면 자신들이 연결된 네트워크를 통해 조직되고 행동하는 것이 익숙한 세력들이기 때문이다. 기존의 사회운동 문법으로 보면 사회운동이 아닌 듯하지만 이런 새로운 흐름들이 새롭게 사회운동의 영역을 확장하고 발전시켜 나가고 있는 것은 분명하다. 다시 시민운동은 생태적 가치와 인권, 평화, 공유와 협력, 공동체와 민주주의의 확장이라는 가치를 바탕으로, 사회 혁신이라는 이름으로 사회문제들에 도전하고 있다. 이 운동은 이제 막 등장했으며 본격적으로 성장하기 시작했다. 이 새로운 운동이 다시 한 번 우리 사회를 지금보다 더 나은 사회로 만드는 데 기여하게 될 것이 분명하다. 이 운동의 주체들은 과거보다 훨씬 자각한 개인들과 그들의 네트워크이며, 이들의 자각은 변화된 시대에 대한 성찰을 통해 더 나은 세상을 위해 필요한 가치와 새로운 방법에 기초해 있기 때문이다.

2001년 《하승창의 NGO이야기》를 출판한 후 10년이 넘는 시간이
지났다. 경실련 출범 이후 시민운동이라는 사회운동의 영역이 생성
되고 성장한 시간이 25년에 이른다. 시민운동이 1990년대 우리 사
회의 변화에 대한 통찰을 기반으로, 기존의 민중운동을 발전적으로
계승한 것이 아니라 독립적으로 생겨나면서 사회 발전에 뚜렷한
성과를 남긴 것은 분명하다. 민중운동이 우리 사회의 민주화를 이
루는 데 결정적인 역할을 하고 소외된 사람들의 생존권 문제를 제
기함으로써 인권과 노동조건의 개선에 큰 역할을 했다면, 시민운동
은 우리 사회가 가져야 할 공정한 룰과 제도의 정착에 기여하고, 생
존권 문제를 복지제도라는 사회적 안전망의 확장으로 해결하는 데
결정적 기여를 했다.

　그러나 우리 사회는 시민운동이 성장하던 시기와는 다른 사회적
변화에 직면했고, 이제 또 다른 해법을 찾아야 하는 상태에 있다.
마침 기존의 시민운동과 때로는 독립적으로 때로는 협력하는 새로
운 다른 사회운동들이 나타나고, 그 영역은 훨씬 넓어지고 다양해

졌다. 아직 이 흐름에 어떤 이름이 붙거나 한 것은 아니지만 일각에서는 이를 사회 혁신 운동이라 부르고 있다. 희망제작소의 이원재 소장이나 사회 혁신 공간 〈데어〉의 김병권 같은 사람들이다. 홍성과 성미산마을 등의 주민운동과 〈청년유니온〉 같은 청년 세대의 운동, 〈오픈테이블〉 같은 새로운 대안적 논의를 위한 플랫폼과 〈대지를 위한 바느질〉이나 〈아름다운가게〉 같은 사회적 기업들과 사회적 협동조합들, 지리산 문화 공간 〈토닥〉이나 〈스페이스노아〉 같은 공간들은 기존의 시민운동 개념으로는 이해하기 쉽지 않은 운동들이다. 그러나 분명한 것은 이미 새로운 사회운동들은 생성되는 시기를 지나 성장하고 있다는 것이다. 이들의 성장이 우리 사회의 토대를 변화시키고 나아가서는 정치적 변화에도 영향을 미치게 될 것이 틀림없다. 새롭게 성장하는 사회 혁신 운동들의 흐름은 아직 사회적으로 중심적인 역할을 하는 데까지 이르지는 못했다. 그러나 성장하는 속도에 비추어 보면 머지않아 사회적으로도 중심적인 역할을 하게 될 것이라 상상하는 것은 그다지 어렵지 않다.

실제로 1990년대 시민운동을 할 때보다 훨씬 네트워크의 규모도 크고 참여하는 사람도 많으며 운동의 형태도 다양해졌다고 느낀다. 하지만 여전히 사회적 영향력은 작다고 느껴지는 까닭은 아직 이 새로운 운동의 흐름을 사회적으로 대표하는 곳이 없기 때문이다. 1990년대에는 경실련, 참여연대 같은 대표적인 단체가 그런 위상을 대변해 주었다. 조만간 이러한 운동의 흐름을 사회적으로 대표하는 곳이 나타나리라고 생각한다.

이렇게 운동은 끊임없이 자기를 혁신하며 나아간다. 설사 동일한 주체와 동일한 단체가 아니더라도 과거의 운동이 만들어 놓은 공간에서 새로운 변화에 대응하는 움직임들을 과거와는 다른 방법으로 만들어 가고 있다. 1980년대의 민중운동이 우리 사회가 변화하는 데 기여한 것이나, 그를 이어 1990년대의 시민운동이 우리 사회가 한 걸음 더 나아가는 데 기여한 것처럼 2000년대 이후 성장하고 있는 새로운 사회 혁신 운동들은 우리가 부딪히고 있는 청년과 노인의 문제, 빈곤의 문제, 인류의 문제이기도 한 생태적 문제들에 도전하면서 다시 또 우리 사회가 한 걸음 더 나아가는 데 기여할 것이 틀림없다. 우리 사회의 운동은 그렇게 자기를 혁신하며 나아갈 것이라고 믿는다.

덧붙이는 글

변화를 꿈꾸는
사람들의 이야기

―――――

기존의 사회운동 개념으로 볼 때 뭐 그걸 사회운동이라고 할 수 있
을까 싶은 일을 하고 있는 사람들의 이야기, 스스로 운동을 한다는
인식이 강하지 않아도 기존의 사회구조나 시스템에서는 생각하기
어려운 일들을 하고 있는 사람들의 이야기를 덧붙여 보려 한다. 이
런 이야기들이 실제 사람들의 삶의 공간과 관계에서 변화를 만들
어 나가는 작은 움직임들이기도 하다는 생각에서다. 당장은 정치적
으로 사회적으로 큰 영향력을 발휘하고 있지 않지만 그 미래를 가
늠해 볼 때 주목해 보아야 할 일들이 아닌가 싶어 덧붙여 본다. 소
개하는 데 있어 특별한 기준은 없으나 몇 가지 영역을 자의적으로
나누어 보았다.

청년의 도전

청년플러스

자기 동네에서 재미있게 사는 청년들은 그 존재만으로도 동네를 바꾸어 놓으리라는 것을 쉽게 상상해 볼 수 있다. 도시든 농촌이든 동네에서 살아가는 청년들을 찾기란 쉬운 일이 아니니까. 인천에는 그런 청년들이 있다. 인천문화재단이라는 중간 지원 기관의 도움을 받아 진행하고 있기는 하지만 인천 지역 청년들의 움직임은 시간이 지나고 나면 이 청년들이 그 지역의 변화를 주도할 거라는 기대를 하게 만든다.

〈청년플러스〉라는 모임이 그것이다. 이 모임 안에 여러 청년들의 모임이 있지만 필자가 관심을 갖게 된 것은 동네 전문 여행사라고 당당하게 이름을 내건 '버스토리'라는 모임을 보고서였다. '버스토리'는 버스와 스토리를 합친 말이다. 마을 단위의 버스처럼 인천 구석구석을 다녀 보자는 의미로 만들어진 이름이라고 한다. 버스를 매개로 인천사람들의 이야기를 해 본다는, 말하자면 인천을 가장 재미있게 여행하기 위한 버스라는 의미가 담겨 있다. 청년들이 자신들이 사는 지역을 자신들의 감성으로 소개하면서 스토리를 만들고 복원해 내고 있는 셈이다. 실제 이윤을 얼마나 내는지는 잘 모르겠지만, 이런 발상과 시도는 세상의 변화에 대한 남다른 상상력이 없으면 나오지 않는다.

〈청년플러스〉는 2012년 인천문화재단이 마련한 '빌리지디자인

덧붙이는 글

스쿨'이 계기가 되어 만들어진 모임이다. 지역 문화 예술과 비즈니스를 함께 고민하는 모임이다. 청년들의 재기가 번득이는 모임들인데, 사회문제를 해결하는 비즈니스 모델을 만드는 동아리 '인하대 사이프(SIFE. Student In Free Enterprise)', 아마추어 밴드에 공연 기회를 제공하는 에이전시 '프로추어먼트', 인천 중구 신포동을 중심으로 문화 행사를 기획하는 마을 기업 '신포살롱', 춤으로 청년 문화를 기획하는 'J컴퍼니', 한복을 알리는 청년 동아리 '한복놀이단', 부천 지역 청년 문화 기획단 '문화사냥단', 고물의 재발견을 통해 지역경제 활성화를 꿈꾸는 '보물상', 배움터 기획 집단인 '부평은 대학', 폐현수막으로 옷을 만들어 파는 '최고의 환한미소', 인천 중구 지역 여행 코스를 개발하는 청년 회사 '버스토리' 등이 모여 커뮤니티 디자인을 고민하고 공부하는 모임이다.

이 모임은 경계가 있는 조직이 아니기 때문에 활동이 알려지면서 의정부 등 다른 지역에서도 찾아오는 등 참여자가 늘고 있지만 정확한 수를 가늠하기가 어렵다. 당연히 가입이나 탈퇴의 절차가 없다. 이렇게 자기가 사는 마을을 큰 도로나 건물이 아니라 사람들의 삶과 관계된 소프트웨어를 창조하면서 다시 디자인해 보려는 청년들의 모임이야말로 변화와 혁신의 동력일지 모른다.

○○은 대학

○○은 대학. 무슨 대학 이름이 이런가 할지 모르겠다. ○○은 '땡땡'으로 읽는다. 땡땡으로 읽는 이 공란의 의미는 무엇이든 다 배움이

될 수 있다는 것이다. 예를 들면 마포는 대학이고, 구로도 대학이다. 실제 〈마포는 대학〉이 있다. 짐작했겠지만 '땡땡은 대학'이라는 이름에서 느껴지는 것처럼 제도적으로 경계 지워진 교육, 학교 안에서 이루어지는 교육과는 다른 생각을 하는 곳이다. 이들의 교육에 대한 생각은 '경계를 갖지 않는 삶의 활동 전부'이다. 그래서 교육을 하는 사람이라는 의미의 교사 자격증이 필요 없는 곳이고, 교사로서 특정한 자질이 있어야 한다고 생각하지 않는 곳이다. 그래서 이들은 '누구나 가르치고 어디서나 배운다'라는 슬로건을 가지고 있다. 누구나 가르칠 수 있다는 것은 인생을 함께 살아가는 사람 모두가 스승이라는 의미이고, 어디서나 배울 수 있다는 것은 삶의 터전들이 모두 배움의 장소가 될 수 있다는 의미이기도 하다. 그래서 'OO은 대학'에서는 장어집 사장이 룸바교실을 열고, 마을의 할머니가 밥상머리 교육을 벌인다.

이 대학의 전공은 '마을만들기학과'이다. 마을의 익숙한 공간을 청년의 시각에서 새롭게 바라보고 활력을 불어넣을 수 있는 활동을 전개한다. 학생을 '술래'라 부르는데, 지역의 숨은 일거리, 놀거리를 찾아다니는 청년을 의미한다.

예컨대 〈구로는 예술대학〉에서는 매주 두 차례 20여 명의 술래가 3, 4명씩 팀을 꾸려 프로젝트를 진행했는데, 술래는 구로에 대한 애착은 물론 문화예술에 관심을 가진 스무 살 대학생에서부터 백수, 30대 직장인도 있다. 이들은 '동네에서 간지나게 놀기 프로젝트', 구로커를 비롯해 구로의 고등학생들과 힙합 댄스로 관계를 만드는

덧붙이는 글

'구로는 예술고등학교', 구로만의 영화를 찍는 '김뽕과 아이들', '참새공방', '토요일밤의 열기', '아웃사이더아트' 등 6개 팀을 꾸려 마을 만들기 프로젝트를 통한 활동을 했다.

〈마포는 대학〉에서는 '명랑마주꾼'이라는 프로그램을 진행했다. 2012년 마포 성산동의 한 아파트에서 100일간 6명이 스스로 목숨을 버린 일이 있다. 이를 충격으로 받아들인 청년 6명이 뭐라도 해야겠다는 생각으로 '아파트 주민과 명랑하게 마주 본다'는 취지 아래 '명랑마주꾼'을 만들었다. 이들은 마을 주민들과 함께 텃밭을 가꾸는 '명랑허브', 뜨개질 같은 손노동을 하는 '명랑꼼지락'을 만들었고, 주민들과 이야기를 나누고 기록하는 '명랑미디어'까지 세 가지 활동을 기획했고 6명으로 시작한 일은 나중에 20명까지 참여 인원이 늘었다. 돈도 공간도 없었던 청년들은 주민들에게 '청년쿠폰'을 만들어서 나눠 주었다. '전등 갈아드려요', '심부름 해드려요', '물건 옮겨드려요', '관공서 일 도와드려요' 등등이 적힌 쿠폰이었고, 연락이 오는 주민들을 찾아가 만나며 얼굴을 익히고 이야기도 나눌 수 있게 되었다. 이 일의 성과와 관계없이 청년들이 주민들 사이로 들어가고 청년들의 활동과 주민들이 결합되면서 마을에 작은 변화를 불러 오는 계기가 만들어진다는 점에서 기존의 마을 만들기 운동과는 또 다른 경로를 청년들이 보여준 셈이다.

유명한 인도의 교육학자 수가타 미트라는 미래의 교육이란 스스로 배울 수 있는 환경을 만들어 주는 것이라고 했다. 그의 이런 생각은 〈구름속의 학교〉로 잘 알려져 있지만, 어쩌면 '○○은 대학'이 세상과 세계를 배우는 참교육의 현장으로서 그의 말을 제대로 실천하고 있는지도 모른다. 그런데 '○○은 대학'은 2014년 여름의 끝 무렵에 자신들을 해체하고 더 넓은 모임으로 만들어 가기 위한 준비를 하고 있다. '○○은 대학'은 새로운 운동의 성장에 기여하는 또 하나의 저수지 역할을 한 셈이다.

카페오공

2012년 4월 문을 연 협동조합형 마을 카페 〈카페오공〉이 서울 강남 남부터미널 근처에 문을 열었다. 강남이라는, 부동산 가격 비싼 곳에 자리 잡았지만 음료 가격은 일반 카페의 절반 수준인 2,500~4,000원 대다. 왜 그런가 했더니, 출자금의 액수와 상관없이 모두가 카페 주인인 협동조합원들이 주로 이용하는 카페이기 때문이다.

이 카페를 만든 청년들은 2009년부터 법륜 스님이 이끄는 수행 공동체인 정토회에서 만났다. 청년들은 마을 만들기 공부를 시작으로 서로 잘할 수 있는 것들을 나누고 싶었고, 그러기 위해서는 작으나마 공간이 필요했다. 그렇게 만들어진 카페인데 그렇다고 해서 커피만 판매하진 않는다. 의류와 커피를 동시에 판매하며 외부적으로는 패션 카페로 더 잘 알려져 있다. 〈카페오공〉이라는 이름은 50명의 출자자가 100만 원씩 5,000만 원의 보증금을 모으자는 취지로 만들어졌다. 이들 모두가 주인이자 일하는 사람이다. 그래서 서로를 '주인장'이라고 부른다.

덧붙이는 글

그러므로 이들에게 카페는 그저 음료만 파는 곳이 아니다. 다양한 모임들이 생겨났다 사라지기도 하는 커뮤니티 공간이기도 하다. 문을 열고 1년여 동안 200회가 넘는 모임이 있었고, 1,000여 명이 넘는 사람들이 모임을 가졌다. 만화《심야식당》처럼 낯선 사람들이 음식을 나누는 모임이 있는가 하면 재능 나눔, 독서 모임, 목공 수업, 스페인어 수업, 천연 비누 만들기, 협동조합이나 삶의 문제를 어떻게 풀어 나갈 것인지에 관한 진지한 배움 모임 등이 있다. 여기서는 대안 화폐도 사용되는데, '콩알'이라는 이름의 단위를 사용한다. 카페에 노동력을 제공하면 시간당 5,000콩알이 적립되어 이 콩알로 카페를 자유롭게 이용할 수 있고 직장이 없는 주인장에게는 현금으로 제공되기도 한다. 말하자면 카페를 매개로 일종의 청년 공동체가 만들어지고 있는 셈이다. 이 카페의 벽면에 붙은 '카페오공 사용설명서'에는 이런 글귀가 적혀 있다. "카페오공은 내가 가진 재능이 세상에 잘 쓰이는 것이 세상을 풍요롭게 한다는 사실을 믿는 사람들이 모인 곳으로, 사람 맛이 나는 공동체 마을을 꿈꾸는 청년들이 모여 만든 협동조합 카페입니다."

전주 남부시장 청년몰

청년들이 지역사회 혁신을 위해 시도한 프로그램 중에 잘 알려진 것이 전주 남부시장 〈청년몰〉이다. 〈청년몰〉을 시작한 이들의 구호는 독특하게도 '적당히 벌고 아주 잘 살자'이다. 〈청년몰〉은 2011년 문화체육관광부의 문화를 통한 전통시장 활성화 시범 사업인 '문전

성시' 사업으로 선정되면서 시작되었다. 청년들은 상인들이 창고로 쓰던 2층 옥상을 활용해 특색 있는 가게를 꾸미기 시작했다. '순자씨밥줘', '범이네식충이', '만지면 사야합니다', '우주계란' 등 아기자기한 이색 가게들이 들어섰고 지금은 스무 개로 늘었다. 볶음 요리 전문점과 선술집, 커피숍과 수제 소품점 등 작고 예쁜 점포 스무 곳이 문을 열고 있는데, 주말 저녁에는 공연 등 문화 행사까지 보태지자 10대, 20대 청년들로 북적이기 시작해, 썰렁했던 1층 재래시장도 활기를 띠었다.

전북 전주의 남부시장은 100년 역사를 가진 곳이다. 1960년대까지 한강 이남 최대 물류 집산지였고 1980년대 중반까지도 전북권 농산물이 거래되던 최대 시장이었다. 그러다 다른 재래시장들처럼 활기를 잃어가던 남부시장이 청년몰을 매개로 다시 활기가 생겨나기 시작하고 있는 것이다.

〈청년몰〉은 2011년부터 '청년장사꾼 아카데미'를 시작했는데, 이는 청년들의 장사욕을 부추기는 계기가 되었다. 장사에 뜻이 있는 청년들에게는 330여m²의 시장 옥상 장소와 창업 지원금 1,000만 원씩이 지원되었다. 전통 시장은 금세 청년들의 다채로운 아이디어와 다양한 문화 체험 프로그램 등으로 주목받게 되었다. 대학가의 카페 같은 분위기를 내는 칵테일 바, 한방 찻집, 보드게임 방 등이 문을 열었다. 이들은 전주의 남부시장, 한옥마을 그리고 자신들을 주제로 한 월간지 《앗》도 내고 있다. '앗!'은 새로운 것을 발견했을 때의 놀라움과 함께 기합을 만들 때 외치는 외마디 소리로 지역

덧붙이는 글

청년들이 새로운 시각으로 전주를 해석하고자 붙인 이름이다. 전주 남부시장의 〈청년몰〉 이후에 다른 지역에서도 비슷한 시도들이 이루어지고 있다.

〈금천교시장 청년장사꾼〉은 금천교 시장의 한 평짜리 가게에서 시작해 지금은 서울 전역에 '사원앞카페, 벗', '열정감자', '열정꼬치' 등 4개의 가게를 연 '청년장사꾼' 모임이다. 청년들이 아르바이트나 인턴만으로는 실물경제를 체험하기 어려운 상황임을 감안해 청년장사꾼 채용 과정인 '2주 장사체험 프로젝트'라는 인턴 프로그램을 만들어서 2주 동안 휴일 없이 매장 관리, 서비스, 재고 관리, 발주, 재료 구매 등 장사의 기본 프로세스를 배우게 해 준다. 20대 청년 다섯이 만든 청년장사꾼 기업은 '문화를 접목한 장사', '스펙이 아닌 경험 쌓기'에 주목한 것이다.

그 외에도 수원 못골시장 한복판에 자리한 〈못골 휴식터〉 안 라디오 녹음실에서는 20대 상인 DJ들이 국내 최초 시장 라디오 방송 '못골 온에어'를 진행하고 있다. 그 외에 신당동 중앙시장에는 〈신당창작아케이드〉라는 공예가들이 모여들어 시작한 공간도 있다. 우리가 모르는 사이에 청년들의 반짝이는 아이디어들이 망할 날만 기다리던 재래시장에 활기를 불어넣고 있는 것이다.

혼자 살기 힘든가? 그럼 함께 살자

지금의 우리 사회 변화를 잘 설명하는 것 중의 하나가 1인 가구의 증가다. 2012년 통계청에 따르면 2010년 기준 전체 가구 수의 23.9%를 차지하고 있고, 2025년에는 30%가 넘을 것으로 전망된다. 주로 20대와 30대, 70대에 1인 가구가 집중되어 있다. 말하자면 1인 가구 문제는 앞으로 중요한 사회적 문제가 될 것이라는 점을 의미한다. 이 역시 스스로 문제를 해결하려는 사람들이 있다.

민달팽이유니온과 원룸주민 작당모의 프로젝트

지난 해인가 대전에 갔다가 구도심인 대흥동 어느 골목에 붙어 있는 포스터에 눈길이 간 적이 있다. '대흥동 원룸주민 작당모의 프로젝트'라는 제목이었다. 대흥동에 사는 원룸 주민들 한번 모여 보자는 포스터였는데, 모여서 함께 밥 먹으며 원룸에 사는 어려움도 함께 이야기해 보고, 극복할 방안에 대해서도 이야기 나눠 보자는 취지였다. 앞의 통계에서 확인된 것처럼 1인 가구가 급속히 늘어나고 있고, 기업은 이미 1인 가구의 생활 패턴에 맞춘 물품들을 생산하기 시작했다. 아마 요즘은 식당을 가더라도 1인 좌석을 심심치 않게 발견할 수 있을 것이다. 시장은 그만큼 즉각 반응하고 있는 셈이다. 그러나 그 외의 1인 가구에 대한 사회적 대책은 사실 전무하다고 해도 과언이 아니다. '원룸주민 작당모의 프로젝트'는 이런 현실을 보여주는 현상이다. 정부나 사회가 대책을 세우지 않으니 스스

덧붙이는 글

로 문제를 공유하고 해결해 나가 보자는 것이다. 그런 움직임 중에 하나가 〈민달팽이유니온〉이다. 달팽이는 자기 집을 갖고 다닌다. 그중에 자기 집이 없는 달팽이를 민달팽이라 부른다. 이렇게 살 공간이 없는 청년들이 모여 시작한 모임이 〈민달팽이유니온〉이다. 불안정한 청년들의 주거권 실현을 위해 모인 모임이다.

서울YMCA는 2011년 10월부터 2012년 1월까지 수도권 소재 대학에 다니는 비수도권 출신 대학생 526명(남 211명, 여 315명)을 대상으로 '대학생 주거 실태'를 조사했다. 조사 결과가 보여주는 현실은 심각했다. 현행 주택법 5조 2항에 따르면 '국민이 쾌적하고 살기 좋은 생활을 영위하기 위해 필요한 최소한의 기준'을 1인 가구의 경우 14㎡(4.2평)로 정하고 있다. 하지만 YMCA의 조사 대상 대학생의 절반 이상(52%)이 법으로 정한 기준보다 좁은 공간에서 생활하고 있었다. 특히 '고시원에 살고 있다'고 응답한 86명 중 83명의 실태는 이 기준에 훨씬 미치지 못했다. 심지어 고시원과 하숙을 포함해 21명은 5㎡(1.5평) 이하의 면적에서 생활한다고 답했다.

이런 상황이지만 정부의 대책은 그리 실효적이지 않다. 국토해양부는 2009년 9월 '보금자리주택 업무지침'을 개정해 대학생을 위한 주거 지원 사업에 나서기로 했다. 2011년에는 12·7 부동산 대책이 나오면서 9,000명의 대학생에게 최대 7,000만 원까지(광역시와 도 지역은 4,000만~5,000만 원) 전세금을 지원하기로 했다. 입주 대상자로 선정된 학생이 거주할 주택을 물색해 신청하면 LH가 주택 소유자와 전세 계약을 맺은 뒤 학생에게 재임대해 주는 사업이다. 그러나 공급 물량이 워낙 부족해 1순위인 기초생활수급자 가구의 대학생, 한 부모 가정의 대학생, 아동복지 시설 퇴소자 대학생 등이 선정되고 나면 남는 자리가 거의 없다. LH의 엄청난 부채도 대학생들을 위한 주거 사업에 힘을 기울이지 못하게 만드는 요인이기도 하다.

〈민달팽이유니온〉은 최근 주택협동조합을 만들었다. 110명이 모여서 8,200만 원을 모았다. 서울시 남가좌동에 40.39㎡(12평)짜리 집 2채를 장기 임대한 후 드럼세탁기와 책상 등 필수 집기를 갖춰 넣은 다음, 공고를 냈다. "보증금 50만 원에 월세 20만 원(2인실 기준)." 이건 주변 시세의 75% 수준으로, 임대수익은 포기했다는 뜻이다. 그들이 마련한 집에 들어가 살 수 있는 사람은 6명. 100명이 넘는 사람이 자신이 살지 않는 집에 돈을 보탠 셈이다. 자신이 사는 것보다 모두의 삶이 조금이라도 나아지게 만들어 보자는 꿈 때문이다. 이들은 이런 프로그램을 통해 정책 금리 2%에 장기 상환 프로그램을 요구하고 있다. 더 많은 주택을 장기 임대해 청년 세입자들에게 더 낮은 임대료로 공급할 수 있기 때문이다. 스스로 이렇게 함께 사는 방법을 만들어 보여줌으로써 변화를 촉구하고 있는 것이다.

우주와 서울소셜스탠다드

다시 말하지만 사회문제를 해결하는 사람들의 노력은 전형적인 사회운동만으로 전개되지 않는다. 과거와는 다른 방법으로 주택문제를 해결하기 위한 흐름 중에 주택을 소유로 보지 않고 공유라는 시각으로 보는 흐름이 만들어지고 있다. 셰어하우스라고 불리는 흐름

덧붙이는 글

이 그것이다. 셰어하우스는 아파트 등의 집을 여러 명이 함께 빌려 사는 것을 말하는데, 침실은 따로 사용하지만 거실, 화장실, 욕실, 주방은 같이 쓰는 형태이다. 입주자 간의 교류가 가능한 실내 공용 시설을 갖춘 주거(주택) 전반을 셰어하우스라 한다. 개인 방 이외의 모든 공간을 공유하는 일종의 공동체라 할 수 있는데, 우리나라에 셰어하우스 개념의 주거 문화가 없던 것은 아니었다. 생각해 보면 하숙집 문화가 셰어하우스 개념에 가까운 것이기도 하다. 이런 셰어하우스는 이미 유럽이나 일본에서는 보편화돼 있다. 일본의 경우에 셰어하우스 거주 인구를 늘리는 데 기여한 곳은 2005년 시작한 〈히츠지부동산〉으로, 일본 최대의 셰어하우스 전용 부동산이다.

입주자들은 주방에서 함께 식사를 준비하고 음식을 나누며 일종의 공동체 형태의 생활을 하는데, 셰어하우스에 입주하기 위해서는 입주하는 사람이 어떤 사람인지가 중요하다. 그래서 〈히츠지부동산〉은 '물건 만들기'라는 공동 작업을 통해 긍정적인 소통을 늘리고 부정적인 요소들을 흡수할 수 있는 지속 가능한 커뮤니케이션 툴 또한 연구하여 진행하고 있기도 하다. 〈히츠지부동산〉의 키타카와 다이스케 대표는 셰어하우스가 단순히 화장실을 공용으로 사용하는 게 아니라 부엌과 거실 등 사람들이 교류할 수 있는 공간을 제대로 갖춘 곳이어야 한다고 말한다.

우리나라의 경우에는 하숙집은 아니지만 오래된 집이나 빈집을 빌려 보수 작업을 한 뒤 대학생과 사회 초년생에게 저렴한 가격으로 재임대하는 〈우주〉가 있다. 청년 주거문화개선을 위한 셰어하우스를 보급하고 있는 〈우주〉는 각 집마다 특색을 달리해서 임차인도 구분해 입주시키고 있다. 〈우주〉는 종로 권농동의 1호점에서 시작해 서울에서만 18곳의 셰어하우스를 만들어 운영하고 있으며 점차 늘려가고 있다. 또 서울의 새로운 주거 문화를 고민하는 싱크탱크 〈서울소셜스탠다드〉라는 곳도 있다. 이곳에서는 우리나라에 셰어하우스 같은 주거 형태를 확산시킬 방안을 모색하면서 셰어하우스 통의동 '집'을 만들어 운영하고 있다.

이런 변화는 주택 시장의 상황이 앞으로는 다르게 전개될 것이라는 믿음, 그렇게 만들어야 한다는 목표들이 있기에 가능한 것이다. 1인 가구의 증가에 따라 주택의 표준이 달라져야 한다고 생각하는 〈서울소셜스탠다드〉의 주장이나 지금까지 '소유'하고 '재산 증식'의 수단으로 삼았던 부동산에 대한 인식이 소유 자체가 어려워진 상황 때문에 역설적으로 소유보다 잘 살 수 있는 공간, 함께 살 수 있는 공간에 대한 관심으로 이전하고 있는 모습을 보여준다. 소셜하우징에 대한 이들의 관심은 주택이나 건축과 관련한 제도에까지 변화를 가져오게 될 것이라고 본다.

마을 미디어 동네방송

동네 라디오 방송이 늘고 있다. 성미산마을의 〈마포FM〉은 출력이 1W에 불과하긴 하지만 주파수를 갖고 있는 방송이다. '공동체라디오'라는 프로젝트로 2005년 시작되었으니 10년 가까이 되었다. 당시 전국에 7개의 공동체 라디오방송이 운영되고 있었다. 그중에 〈마포FM〉은 다양한 프로그램으로 주목을 받아 온, 어렵지만 지금까지 잘 운영해 오고 있는 곳이기도 하다. 성미산마을 공동체 운동의 성과라 할만하다. 한편 요즘은 인터넷을 매개로 한 동네 방송들이 많이 늘어났다. 지역별 공동체 라디오들의 시설은 그리 화려하지 않다. 방음도 완벽하게 되지 않는 작은 공간에 책상과 마이크, 오디오믹서기, 컴퓨터 같은 방송 자재들로 소박하게 꾸며져 있다. 이런 방송국이 〈동작공동체라디오〉, 창신동의 봉제 공장 아줌마가 디제잉을 하는 〈라디오덤〉, 성북의 마을 방송 〈와보숑TV〉 등 서울에서만 10개가 넘게 생겨났다.

많은 나라에서 문화, 사회 등 환경에 따라 다양한 형태로 공동체 라디오를 운영하고 있다. 영국 공동체 라디오는 230여 개, 일본은 260여 개(2011년 기준)에 이른다. 공동체 라디오에 매력을 느끼는 것은 기존 미디어에서 다룰 수 없는 그야말로 동네 이야기의 전달을 통한 지역 커뮤니케이션의 활성화와 이를 매개로 한 지역 공동체의 형성, 지역의 미디어 불평등 완화 등을 이룰 수 있다는 점 때문이다.

마을의 공동체 라디오는 최근 마을 공동체에 대한 관심이 늘어나는 가운데, 마을의 재구성과 재발견이라는 면에서 아주 의미 있는 소통의 무기가 될 것이라 기대되어 정부와 지방자치단체도 관련 지원을 확대하고 있어서 이런 흐름은 더욱 커질 것이다.

라디오나 TV만 늘어나고 있는 것은 아니다. 2014년 여름 지리산 문화 공간 〈토닥〉에서 열린 '전국마을신문워크숍'에는 전국에서

100명이 넘는 마을 신문 관계자들이 모여 경험과 전망을 공유하기도 했다. 지역의 토호들과 결합한 전형적인 지역 미디어들을 넘어서려는 주민들의 자발적 미디어 만들기가 새로운 미디어운동의 흐름으로 만들어지고 있는 것이다.

소셜이노베이션캠프36

변화를 위한 프로그램을 만들어 내는 방법 중에 일상적으로 존재하는 조직과 공간이 아닌, 어느 특정한 시기에 같은 목적을 공유한 사람들이 모여 논의하고 기획하며 결과를 만들어 내는 것이 있다. '소셜이노베이션캠프36' 같은 것이 그것이다. '소셜이노베이션캠프36'은 이를 주최하고 있는 희망제작소와 다음세대재단의 말을 빌면 공익적인 사회 변화를 가져올 수 있는 아이디어를 공모, 선정하고 NGO/NPO, 기획자, 개발자, 디자이너 등의 자발적인 참여를 통해 웹과 애플리케이션 등의 형태로 아이디어를 실제 구현하는 사회혁신 프로젝트이다.

'소셜이노베이션캠프36'이라는 형식의 프로젝트는 2008년 영국에서 처음 시작되었다. 지금은 스코틀랜드, EU, 호주, 슬로바키아, 조지아, 뉴질랜드, 아제르바이잔, 체코, 나이지리아 등 전 세계로 확산되고 있는데, 우리나라에서는 2010년 처음 시작되었다. 당시 박원순 시장이 일하던 희망제작소에서 아시아에서는 처음으로 개최했다.

진행 과정이 좀 독특한데, 먼저 아이디어 및 캠프 참가자를 모집하고 이에 대한 네티즌들의 투표를 거쳐서 아이디어를 확정하고 이 아이디어를 구현할 기획자나 개발자가 참여하게 된다. 이렇게 확정된 참가자들이 36시간 동안 한곳에 모여 실제 이 아이디어를 구현하는 프로그램을 만들고 이를 향후에 공개하는 형식의 프로그램이다.

지난 몇 년간 이루어진 캠프의 성과들은 스마트폰에 앱으로 출시되기도 하고 사회적 기업으로 창업한 경우도 있다. 2012년의 경우 〈열린옷장〉이 이 캠프에서 가장 관심을 받았다. 청년들이 취업을 위한 면접을 볼 때마다 정장 때문에 고생하는 경우가 많다는 문제를 돕기 위한 아이디어로, 말하자면 취업 준비생들을 위한 프로그램이라고 할 수 있다. 잘 입지 않는 정장을 기부받아 이를 대여해주는 서비스로 기획되었고, 지금은 사회적 기업으로 발전해 활동하고 있다.

또 과거 캠프에서 재래시장을 찾는 프로그램 같은 경우 '가는 날이 장날'이라는 앱으로 스마트폰에 공개되기도 했다. 또 이 캠프를 매개로 만난 사람들 간의 네트워크가 형성되도록 희망제작소 측이 도와주고 있어서 사회 혁신 활동을 지속하기가 수월하다.

이 캠프의 웹페이지에 공개되어 있는 운영 정책을 살펴보면 일단 '소셜이노베이션캠프36'에 접수된 아이디어는 접수 기간 종료 이후부터 공개되어 누구나 열람할 수 있다. 열람한 아이디어는 비영리를 목적으로 아이디어의 원저작자와 출처 링크를 명기하고 활용할 수 있다. 또 '소셜이노베이션캠프36'에 참여하는 모든 과정과 결과물(기획, 디자인, 개발 등)은 '크리에이티브 커먼즈 저작자표시 라이선스'가 적용, 공개되며, 그에 따라 저작물을 누구나 자유롭게 이용할 수 있는 것으로 되어 있다.

이런 프로그램이 가능해진 배경에는 무엇보다 인터넷의 발전이 기여한 바가 크다. 과거에는 이런 생각들을 하는 사람들이 어떻게 존재하고 있는지 서로 알 길이 없었는데, 요즘에는 개인들의 생각을 교류할 수 있는 장이 많아졌고, 관련 정보를 얻을 수 있는 가능성이 훨씬 커진 상태니까 관련 생각들을 한번 모아 보면 어떨까 하는 자연스런 욕구들이 생긴 것이다. 과거처럼 이런 일은 조직된 시민단체들이 할 수 있는 일이라거나 공공기관만 할 수 있다는 생각에서 벗어나 자신의 잉여 시간들을 활용해 공공적 이익을 만들어 내는 일에 기여할 수 있겠다 여기는 사람들이 늘어나고 있고, 이 잉여 시간들을 모아 낼 인터넷 베이스의 프로그램들이 생겨나고 있기 때문에 가능해진 것이다.

지혜공유협동조합

캠퍼스가 없는 대학이 있다. 일본의 〈시부야대학〉은 '노는 것이 가장 즐거운 도시는, 배우는 것이 가장 재미있는 도시가 된다'는 슬로건으로 2006년 만들어졌다. 캠퍼스가 없는 대신 〈시부야대학〉에서는 지역 주민 누구나 학생도 선생도 될 수 있다. 뿐만 아니라 지역의 흥미로운 콘텐츠는 모두 교육의 대상이 되고 수업의 재료가 되기도 한다. 〈시부야대학〉에서는 노래 만들기 수업, 사진 찍기 수업,

축제를 위한 댄스 수업, 여행 투어 수업 등등 가볍고 재미난 수업에서부터 진지하게 지식을 탐구하는 수업에 이르기까지 다양한 수업이 열리고 있다. 이런 수업들은 일반 사람들에게 일상의 공간과는 다른 새로운 인간관계를 맺을 수 있게 해 주기도 하고 새로운 발상을 펼칠 장을 제공해 주기도 하는 새로운 시민교육의 장이다.

우리의 경우 지금은 문을 닫았지만 제천의 '예술과 마을 네트워크(예마네)'에서 진행했던 수업이 이와 유사하다. 이런 모습을 모티브로 하여 본격적으로 주민들이 서로 배우고 가르치는 학교를 만드는 사람들이 있다.

고양과 파주지역 시민들이 주체가 되어 만든 〈지혜공유협동조합〉이 그것이다. 2013년 '앎의 공유, 삶의 교류'라는 슬로건을 내걸고 출범한 〈지혜공유협동조합〉은 '오만가지 강좌'를 비롯 다양한 주제와 형식의 시민 강좌를 열어 오고 있다.

2013년 11월 최진석 서강대 교수(철학과)의 '인문학 향기' 강좌를 시작으로 음악과 명상, 커피 만들기, 자동차 정비법, 스마트폰 활용하기 등 두 달 동안 열린 20여 개의 강좌에 연인원 200명이 참여했다. 이런 관심은 출범 당시 20명이던 조합원을 4개월 만에 80명으로 늘렸다. '오만가지 강좌' 외에 전문 강좌로 숨은 고수들을 발굴해 세상으로 불러내자는 취지로 특별한 주제나 이슈, 의제를 따라가는 '주제 강좌', 다양한 사람들의 지식과 지혜, 경험을 나누는 '기획 강좌'로 구성하여 진행 중이다. 그 외에도 만담과 수다 형식의 만담 카페, '커뮤니티 공간 네트워크' 사업, 공연 티켓 공동 구매, 지역 순환 경제를 위한 지역 통화와 대안화폐 사업 등이 있다. 여기서는 시민 누구나 강좌를 제안할 수 있으며, 5명 이상의 신청자만 있으면 강좌가 개설된다. '행복한 커피스트'와 '전래놀이-혼자 하는 실뜨기', '콩글리시 바로잡는 영어', '인문학으로 보는 사주명리학' 등의 강좌가 강사의 제안으로 탄생했다.

시민단체들이 제도적으로 시민교육의 장 확보를 위한 관련 법 제정을 위해서 꽤 오래 시간 노력하기도 했지만, 제도의 마련과 재정 지원을 기다리기보다 이렇게 자발적으로 만들어지는 학습 커뮤니티들이 새로운 시민교육의 장을 열어가고 있다.

게릴라 가드닝

허가받지 않고 남의 땅에 꽃을 심는 사람들이 있다. 아, 물론 이때 남의 땅이란 사용되지 않는 경우를 말한다. 방치된 남의 땅에 불법으로 꽃밭을 가꾸는 행위를 일컬어 '게릴라 가드닝'이라고 한다. 이 게릴라 가드닝은 2004년 영국에서 시작되었는데, 당시 서른네 살의 청년이었던 런던의 리처드 레이놀즈가 늦은 밤, 자신의 집 앞에 버려진 화단에 주인 몰래 꽃을 심으며 시작되었다고 한다. 리처드 레이놀즈는 이 과정에서 느낀 만족감과 즐거움을 공유하기 위해 자신이 한 일을 블로그에 올리기 시작했다. 도심의 아스팔트 틈새, 계단과 같이 많은 사람들이 지나다니는 공유지에 꽃을 심고 이 모습을 블로그에 올렸는데, 많은 사람들의 관심을 받게 되면서 '총 대신 꽃을 들고 싸운다!'는 구호를 외치는 게릴라 가드닝이 유행처럼 번

덧붙이는 글

지게 된다.

게릴라 가드닝은 사용되지 않는 지역에 식물을 심어 도시에 작은 활기를 불러일으킨다는 목표를 갖고 있는데, '게릴라'라는 말처럼 땅에 대한 어떤 허가도 받지 않은 채 은밀하게 행하는 것이 특징이기도 하다. 물론 게릴라 가드닝을 꼭 땅에만 하는 것은 아니고, 거리의 버려진 화단이나 깨진 콘크리트 사이, 쓰레기통, 버려진 물건 등 도시 곳곳 어디든 한다. 지난 2014년 지방선거 당시 박원순 서울시장 후보의 선거캠프 사무실 앞에도 유사한 퍼포먼스가 있었다. 해마다 5월 1일 '세계 게릴라 가드닝의 날'을 기념해 유럽에서는 수많은 사람들이 같은 씨앗을 심기도 한다고 한다. 여기에 참여하는 사람들은 자신이 내뿜는 탄소량을 상쇄하기 위해 게릴라 식목을 한다고 밝히기도 한다.

사용하지 않는 땅, 버려진 땅에 자신에게도 도움이 되고 지구 환경에도 도움이 된다 생각하며 하는 행동이 그 행위를 하는 개인에게 적잖은 의미를 주는 셈이다.

우리나라의 경우에 홍대 앞에서 게릴라 가드닝 행사를 진행한 〈명랑시대〉라는 곳도 있고, 파주도시농부학교, 국민대 그린디자인대학원 졸업생으로 구성된 〈그린 게릴라〉뿐만 아니라 개인적으로 활동하는 게릴라 가드너들도 제법 많다. 늘 무심히 지나치던 구석 땅에 어느 날 꽃이 자라는 것을 보게 된다면 '아, 이곳도 게릴라 가드너가 움직이고 있구나.' 하고 생각해도 좋겠다.

쏘카

공유 경제란 익숙하지 않은 용어가 최근 우리 사회 이곳저곳에 들리기 시작한다. 서울시는 아예 '공유경제촉진조례'까지 만들어 이 새로운 경제활동을 지원하기 시작했다. 공유 경제란 말은 1984년 마틴 와이츠먼(Martin Weitzman) 하버드대 경제학과 교수가 저서를 통해 경제 침체 극복 방안으로 제안했으며, 이후 2008년 하버드대 로스쿨 로렌스 레시그(Lawrence Lessig) 교수가 발전시킨 용어로 인터넷 및 SNS가 발달하면서 더욱 주목받게 되었다. 말 그대로 공유 경제는 이미 있는 자원을 여러 명이 나눠 쓰는 것을 말한다. 물물교환, 품앗이를 포함하며 대량생산·대량소비와 대비해 '협력적 소비'라고도 한다. 지난 2011년 《타임》지는 공유 경제를 '세상을 바꾸는 10대 아이디어'로 선정하기도 했다.

아마 가장 유명한 것은 세계 도처의 빈집(빈방) 주인과 여행자를 연결해 주는 〈에어비앤비(airbnb)〉 등의 빈방 공유 서비스라고 할 수 있다.

필자는 2013년 초 제주도에 갔을 때 만났던 지인이 가져온 차량을 통해 공유 경제를 만났다. 서울에서도 사업을 시작한 카셰어링 업체 〈쏘카〉를 통해 빌려 온 차량이었다. 〈쏘카〉는 2012년 3월 제주에서 처음 시작, 2013년에 제주에 약 50대, 서울에 140대 가량이 움직이고 있는데, 회원제로 운영되는 〈쏘카〉는 30분 단위로 필요한 시간만큼 차량을 이용할 수 있다. 논란이 되고 있는 〈우버〉는 택시를 연결해 주는 것이지만 〈쏘카〉는 회원으로 등록하면 저렴한 비용

덧붙이는 글

을 내고 공동으로 차량을 사용하는 경우를 말한다. 창업자인 김지만 대표가 〈쏘카〉 창업 전 근무했던 〈다음커뮤니케이션〉에서부터 시작했는데, 김 대표가 제주 사옥에서 근무하던 시절, 주변 환경이 한몫했다. 당시 이 지역은 자동차 없이 이동이 쉽지 않았다. 그렇다고 가족 구성원마다 차량을 보유할 수 없다는 점에 착안, 서비스를 구상하게 되었다고 한다. 2012년 3월 제주 주요 지역 및 대학가 40곳에 차량 거소를 마련하고 30분 단위의 차량 공유를 서비스했는데, 반응이 폭발적이었다고 한다.

이에 힘입어 〈쏘카〉는 2013년 1월 '서울시 승용차 공동 이용(카셰어링) 활성화 사업' 공식 사업자로 선정되었고, 서울에서도 서비스를 본격적으로 시작했다. 이어 부산에서도 서비스를 이어 가기로 하는 등 사업이 확장되고 있고, 2014년에는 〈베인캐피탈〉이라는 투자사로부터 200억에 가까운 투자 유치를 받기도 했다.

물론 〈쏘카〉의 경우가 크게 주목받고 있긴 하지만 대부분의 공유 기업들이 순탄하게 성장하고 있지는 못하다. 손익분기점을 넘기지 못한 기업이 많고, 벤처 기업의 특성상 미래는 불확실하다. 더구나 공유 기업이 성장하려면, 공유 경제의 기본적인 목적에 동의하는 소비자들이 많아져야 한다. 즉, 공유 기업뿐 아니라 공유 경제라는 생태계도 만들어져야 하는 것이다. 그런 점에서 서울시가 '공유촉진조례'를 만들고 공유 허브를 만들어 관련 활동을 촉진하고 지원하는 것은 새로운 경제 생태계가 만들어지는 데 도움이 될 것으로 보인다.

논란도 있다. 기존 택시업계의 사업을 위협하고 있는 〈우버〉의 경우가 그렇다. 개인이 가지고 있는 차량을 공유한다는 의미로 시작된 택시 서비스이지만 기존 택시업계, 운수노조와 갈등을 빚고 있다. 서울뿐 아니라 〈우버〉가 활성화되어 있는 샌프란시스코에서도 그렇다. 그러나 공유 경제라는 새로운 도전이 시작되었다는 것은 분명하며, 이런 논란을 거치며 또 다른 형태의 경제 영역을 만들어 가게 될 것이다.

덧붙이는 글

찾아보기

나의 시민운동 이야기

– 조직하기에서 연결하기로, 변화하는 시민운동을 읽다

지은이 | 하승창

1판 1쇄 발행일 2015년 3월 16일

발행인 | 김학원
경영인 | 이상용
편집주간 | 위원석
편집장 | 최세정 황서현
기획 | 문성환 박상경 임은선 최윤영 조은실 조은화 전두현 최인영 이혜인 정다이 이보람
디자인 | 김태형 유주현 임동렬 구현석 최우영 박인규
마케팅 | 이한주 김창규 이선희 이정인 이정원
저자·독자서비스 | 조다영 채한울(humanist@humanistbooks.com)
스캔·출력 | 이희수 com.
용지 | 화인페이퍼
인쇄 | 청아문화사
제본 | 정민문화사

발행처 | (주) 휴머니스트 출판그룹
출판등록 | 제313-2007-000007호(2007년 1월 5일)
주소 | (121-869) 서울시 마포구 동교로23길 76(연남동)
전화 | 02-335-4422   팩스 | 02-334-3427
홈페이지 | www.humanistbooks.com

ⓒ 하승창, 2015

ISBN 978-89-5862-790-6 03300

* 이 도서의 국립중앙도서관 출판시도서목록(CIP)은 e-CIP홈페이지(http://www.nl.go.kr/ecip)와 국가자료공동목록시스템(http://www.nl.go.kr/kolisnet)에서 이용하실 수 있습니다.(CIP제어번호:CIP2015007368)

만든 사람들

편집장 | 황서현
기획 | 박상경(psk2001@humanistbooks.com) 최윤영 이보람
편집 | 송성희
디자인 | 임동렬
사진 | 연합포토, 성미산마을아카이브, 풀뿌리자치연구소 이음, 발바리